党的创新理论体系化学理化研究文库

◆ 中国式现代化的上海样本研究 ◆

国际文化大都市建设

新时代文化使命的城市担当

郑崇选 等 著

上海人民出版社

编审委员会

序

　　理论的生命力在于创新。我们党的历史，就是一部不断推进马克思主义中国化时代化的历史，也是一部不断推进理论创新、进行理论创造的历史。新时代以来，党的理论创新取得重大成果，集中体现为习近平新时代中国特色社会主义思想。这一重要思想是当代中国马克思主义、二十一世纪马克思主义，是中华文化和中国精神的时代精华，实现了马克思主义中国化时代化新的飞跃。在这一科学理论的指引下，党和国家事业取得历史性成就、发生历史性变革，中华民族伟大复兴进入了不可逆转的历史进程。

　　习近平总书记深刻指出，"推进理论的体系化、学理化，是理论创新的内在要求和重要途径"。新征程上继续推进党的理论创新，要在体系化学理化上下功夫，从学术基础、实践导向、国际视野、历史维度等方面着力，深化对习近平新时代中国特色社会主义思想的研究阐释，这不仅是继续推进马克思主义中国化时代化的一项基础性、战略性工作，更是持续推动党的创新理论武装走深走实的必然要求。

　　上海是中国共产党的诞生地、改革开放的前沿阵地，也是马克思主义中国化时代化的实践高地，在党和国家工作全局中具有十分重要的地位。党的十八大以来，上海发展取得巨大成就，从"五个中心"建设、浦东打造社会主义现代化建设引领区、长三角一体化发展等重大国家战略深入推进，到新时代人民城市建设呈现日益蓬勃发展新局面，无不彰显着习近平新时代中国特色社会主义思想的真理力量和实践伟力。

上海市委高度重视党的创新理论武装，高度重视党的创新理论体系化学理化研究阐释，将思想铸魂、理论奠基作为上海建设习近平文化思想最佳实践地的引领性工程。上海理论社科界始终以高度政治自觉和学术担当，以回答中国之问、世界之问、人民之问、时代之问为己任，以"两个结合"为根本途径，高质量开展研究阐释，彰显了与伟大时代和伟大城市同频共振、同向同行的责任担当，形成了丰富研究成果。

为引领推动全市理论社科界深入开展党的创新理论研究阐释，持续推出原创性、有见地、高质量研究成果，上海市委宣传部组织开展了"党的创新理论体系化学理化研究文库"建设。具体编纂中，文库聚焦习近平新时代中国特色社会主义思想的"原理体系"和"上海实践"两大核心内容，既强化整体性系统性研究，又注重从不同领域深入阐释；既提炼、解读标识性概念，又加强重大现实问题研究；既运用各学科资源呈现理论学理深度，又立足上海实际反映实践厚度，从而形成体现历史逻辑、理论逻辑、实践逻辑相统一的研究成果。

实践发展未有穷期，党的理论创新永无止境。在以中国式现代化推进中华民族伟大复兴的新征程上，在上海加快建设具有世界影响力的社会主义现代化国际大都市的砥砺奋进中，实践发展为理论创新打开了广阔的空间，也对党的创新理论体系化学理化研究阐释提出了新的更高要求。衷心希望上海理论社科界始终坚持与时俱进的理论品格，秉持"思想精耕"的卓越匠心，深潜细研、守正创新，不懈探索实践，以更加丰硕的成果回应时代、回馈人民，为推进马克思主义中国化时代化作出新的更大贡献！

中共上海市委常委、宣传部部长　赵嘉鸣

2025 年 5 月

目录

前　言 ━━━━━

　　建设社会主义国际文化大都市是上海深化"五个中心"建设、强化"四大功能"，更好担负起"龙头带动"和"示范引领"重大使命的主线内容和鲜明标识，是上海提升城市软实力的核心内容。如何在保持经济社会稳步发展的基础上，不断提升国际大都市的文明程度和文化软实力，以城市文化的繁荣发展充分体现中国式现代化物质文明与精神文明相协调的本质特征，是中国式现代化上海实践的题中应有之义。

　　习近平总书记对上海有着深厚的感情，高度重视和亲切关怀上海文化建设，多次就做好上海宣传思想文化工作作出重要指示，多次指方向、提要求，为做好上海宣传思想文化工作提供了方向指引和根本遵循。为深入学习贯彻习近平文化思想和习近平总书记考察上海重要讲话精神，上海市委明确提出上海要在学习贯彻习近平文化思想上走在前列，打造文化自信自强上海样本，建设习近平文化思想最佳实践地。这既是上海建设社会主义国际文化大都市必须担负起的政治责任，也是上海牢记嘱托、不负厚望必须完成好的历史使命。

　　建设社会主义国际文化大都市是建设习近平文化思想最佳实践地的生动体现，亦是"改革开放排头兵、创新发展先行者"和"中国式现代化开路先锋"的应有内涵。当前，上海正深入学习贯彻习近平文化思想，探索具有中国特色的超大城市文化发展道路，全面建设具有世界影响力的社会主义国际文化大都市，加快实现中国式的城市文化现代化，在社会主义文化强国建设中当好排头兵和先行者。

　　"明体达用、体用贯通"既是习近平文化思想内在的理论品质，也对我们深入学习贯彻习近平文化思想提出了总体要求。之于社会主义国际文化大都市建设，"体用贯通"的重大任务和最终目标就是以中国特色城市文化的繁荣发展及其理论构建充分体现习近平文化思想最佳实践地的学习成果。

围绕建设习近平文化思想最佳实践地，上海市委研究制定了专门的行动方案，全面实施 9 大行动、30 项重点工程，以习近平新时代中国特色社会主义思想为指导，聚焦中国式现代化上海实践，以践行社会主义核心价值观、弘扬城市精神品格为引领，以赓续红色血脉、传承城市文脉为根基，以用好用活红色文化、海派文化、江南文化为关键支撑，以巩固壮大主流价值、主流舆论、主流文化为主要任务，以打造具有世界影响力的上海文化品牌为主攻方向，勇担新的文化使命，努力在建设物质文明和精神文明相协调的现代化上走在前列，推动上海以更加开放包容、更富创新活力、更显人文关怀、更具东方神韵、更有全球影响力的社会主义国际文化大都市形象屹立于世界城市之林。

本书以习近平文化思想为指引，聚焦习近平文化思想在上海的生动实践，重点突出党的十八大以来上海社会主义国际文化大都市建设的主要成效、实践路径和基本经验。在具体的论述过程中，从城市精神品格的深耕厚植、红色基因的凝心铸魂、国际大都市的文化活力、打造上海文化品牌与充分发挥中华文化展示窗口作用等部分展开论述，基本涵盖了建设习近平文化思想最佳实践地的核心内涵。

建设习近平文化思想最佳实践地是一个综合的系统工程，需要全市广大党员干部群众共同努力。在新时代新征程上，上海进一步坚定文化自信、秉持开放包容、坚持守正创新，努力打造文化自信自强的上海样本，建设习近平文化思想最佳实践地，不断开创社会主义国际文化大都市建设新局面。

第一章

国际大都市的文化跃迁

上海是一座高度开放的国际化大都市，是面向世界、服务全国的舞台。历史的沉淀和时代的孕育，培育了上海"海纳百川、追求卓越、开明睿智、大气谦和"的城市精神与"开放、创新、包容"的城市品格，推动城市软实力的全面提升。以人民为中心的发展思想和"人民城市"的重要理念，形塑着上海在城市建设和管理中的人文精神与人民情怀，推动上海建设习近平文化思想最佳实践地。

党的十八大以来，上海将精神文明建设贯穿于城市规划建设管理全过程各环节，深入开展群众性精神文明创建工作，不断提高城市社会治理能力，着力满足人民群众精神文化需求，中国梦和社会主义核心价值观深入人心，上海城市精神品格进一步彰显，市民文明素质和城市文明程度整体提升，国际文化大都市建设成效明显，探索出一条超大城市治理的新路。

一、城市精神与城市品格是上海发展的不竭动力

上海，这个有2400多万常住人口的超大城市，不仅是我国最大的经济中心城市和长三角地区合作交流的龙头，也是一座崇德向善、文化厚重、和谐宜居的城市。作为我国改革开放的前沿阵地和深度链接全球的国际大都市，上海是文化交汇融合之处，历来领风尚潮流之先。

1

"海纳百川、追求卓越、开明睿智、大气谦和"以及"开放、创新、包容"，是习近平总书记亲自为上海这座光荣之城概括提炼的城市精神和品格，是上海生生不息的力量源泉，已深深融入这座城市砥砺奋进的发展史。孕育于上海的伟大建党精神，同样也是上海城市精神、城市品格的本源和根魂。

（一）凝心聚力：以弘扬城市精神品格增进文化认同

自改革开放、推进浦东新区建设以来，尤其是党的十八大以来，上海在修订完善 2030 年、2040 年城市总体发展规划中，瞄准卓越全球城市目标，推进"五个中心"和长三角一体化高质量发展等国家战略以及"一带一路"倡议中，始终以文化建设为基础和支撑，城市精神品格得到进一步彰显弘扬，日益焕发繁荣、现代、文明的城市魅力。

1. 弘扬城市精神增进市民认同

人无精神不立，国无精神不强。"一个民族需要有民族精神，一个城市同样需要有城市精神。"[1] 城市精神是一座城市自然环境、历史文化、城市品格、市民素养的综合体现，体现着城市的底蕴和追求。城市精神是城市文明素养和道德理想的综合反映，是城市市民认同的精神价值与共同追求，是城市发展生生不息的力量源泉。城市精神，孕育于一方水土，承载着一方文化。精神力量与城市发展，总在相互赋能中走向深融。纵观古今中外，但凡作为国际化大都市，无不拥有独特的城市精神。它以其巨大的精神力量，激励着人们砥砺前行，并向世界亮出这座城市的思想和气质。世界之大，历史之久，城市之多，一座城市外在的环境美，只能吸引人们一时的目光，而内在的精神

---

[1] 习近平：《坚定文化自信，建设社会主义文化强国》，《求是》2019 年第 12 期。

美，才能真正留住人心。

习近平同志在上海工作期间，提炼完善上海城市精神，增进了市民对这座城市的深刻认同。从此，上海"海纳百川、追求卓越、开明睿智、大气谦和"的城市精神正式确立。城市精神看似无形，实为行动先导。"如果说海纳百川是上海一贯的文化特点，追求卓越是上海的一种文化本质，那么开明睿智本身是一种态度，大气谦和是一种胸襟，这样才能进一步海纳百川，进一步追求卓越。"[1]习近平同志如是阐述上海城市精神，回应了上海干部群众塑造城市新形象的急切期待，成为上海的宝贵精神财富，影响深远持久。对一座城市而言，城市精神之目的，是指方向、聚民心、鼓干劲，营造昂扬向上的氛围。

从城市进阶看，城市精神是连接城市昨天、今天和明天的纽带。时移世易，城市精神在实践过程中不断丰富发展，需要与时俱进行总结提炼，为各方打开了解城市的窗口。一座城市从过去走到现在，其进阶历程可以浓缩到城市精神上来；而城市从现在走向未来，必然要依靠城市精神提供指引和智慧力量。

2. 以城市精神品格引领上海发展

上海，是习近平同志到中央工作前从事地方领导工作的最后一站。到中央工作后，习近平同志始终关注上海的治理、关心上海人民。党的十八大以来，从加强和创新社会管理到实现从管理向治理转变，从城市管理应该像绣花一样精细到人民城市重要理念，这些以最广大人民根本利益为坐标的治理理念，展现了人民领袖的真切情怀。

习近平总书记一直关注、牵挂着上海的发展。他曾深情地说："我曾经在上海工作过，切身感受到开放之于上海、上海开放之于中

---

[1]　转引自《"习近平在上海"② "开明睿智才能进一步海纳百川"》，载上观新闻网，2017年9月27日。

国的重要性。""改革开放以来，中国发生了翻天覆地的变化，上海就是一个生动例证。"[1]

2007 年，时任上海市委书记的习近平同志把上海城市精神提炼为"海纳百川、追求卓越、开明睿智、大气谦和"。2018 年，习近平主席在首届中国国际进口博览会开幕式作主旨演讲时称"开放、创新、包容已成为上海最鲜明的品格"，并强调"这种品格是新时代中国发展进步的生动写照"。

2018 年 11 月，习近平总书记在上海考察时强调，既要善于运用现代科技手段实现智能化，又要通过绣花般的细心、耐心、巧心提高精细化水平，绣出城市的品质品牌。上海要继续探索，走出一条中国特色超大城市管理新路子，不断提高城市管理水平。

2019 年 11 月 2 日，习近平总书记在上海市杨浦区考察时，首次提出"人民城市人民建，人民城市为人民"重要理念。那天，站在杨浦区滨江公共空间滨江栈桥上，总书记感叹"昔日的'工业锈带'变成了如今的'生活秀带'"，并语重心长地说："无论是城市规划还是城市建设，无论是新城区建设还是老城区改造，都要坚持以人民为中心。"[2]

2020 年 11 月 12 日，在浦东开发开放 30 周年庆祝大会上，习近平总书记再提"人民城市人民建、人民城市为人民"，指出城市是人集中生活的地方，城市建设必须把让人民宜居安居放在首位，把最好的资源留给人民。

---

[1] 参见《激荡人心、催人奋进，总书记考察上海重要讲话引发上海广大干部群众热烈反响》，载上观新闻网，2023 年 12 月 4 日。

[2]《热解读｜从上海之行读懂习近平心中的"人民城市"》，载上观新闻网，2023 年 12 月 5 日。

习近平总书记关于城市工作的重要论述激励上海广大干部群众深入践行人民城市重要理念，加快建成具有世界影响力的社会主义现代化国际大都市，也为各地扎实推进人民城市为人民，不断提高城市治理现代化水平，推动高质量发展指明了前进方向、提供了根本遵循。

（二）固本培元：以文明创建丰盈城市精神品格内涵

近年来，上海通过深入推进文明创建工作，大力弘扬城市精神品格，让核心价值凝心铸魂、让文化魅力竞相绽放、让现代治理引领未来、让法治名片更加闪亮、让都市风范充分彰显、让天下英才近悦远来，城市精神品格的内涵进一步丰富。

1. **以文明创建进一步丰盈城市精神品格**

一是通过赓续红色血脉，为城市精神注入力量。上海有很多有特色的建筑，石库门是独具上海特色的历史建筑，它承载着上海百年来的城市文化，也是中国共产党初心孕育之地的见证者。为留住这些历史印迹，上海把红色资源保护利用融入城市更新之中，厚重的历史街区在重获新生的同时，更为生活工作于此的市民增添了获得感，以开明睿智的城市精神实现了传统与现代的海纳百川。

二是以丰富多彩的党建活动引领人民群众价值观。在上海各区建立党史和理论宣讲新时代文明实践中心机制，通过创新文艺党课、经典阅读、人文行走、红色巴士等，开展丰富多彩的理论宣讲服务活动，以思想引领人，塑造新时代市民新形象。以公道行动助力，践行城市优秀精神品格。涌动在志愿服务中的大爱与精神，在每一个平凡个体身上涌现，凡人善举蔚然成风，人人都是文明风尚的引领者、示范者，城市精神品格的传播者、践行者。

三是发扬志愿者精神，培育志愿文化。1997年7月上海市志愿者协会成立，截至2022年底，"上海志愿者网"实名认证注册志愿者超过 600 万，全市志愿服务项目 50 余万个，项目总时长 7 亿多小时，营造出"雷锋精神，人人可学；志愿服务，人人可为"的浓厚氛围。从世博会的"小白菜"，到进博会的"小叶子"，多年来，志愿者已成为上海的一张亮丽名片。上海不但是全国人口最多的城市，也是拥有注册志愿者以及提供志愿者服务最多的城市。

四是上海不断探索超大城市治理这一重大实践命题，形成了一批全面提升城市建设和治理水平的可复制、可推广的经验。在可持续发展目标框架下，上海通过"以人为本"的理念、"未来设计""设计未来"的灵感、创新创造的思路和现代化、精细化、智能化的城市治理方法，打造标识符号，打响城市品牌，持续锻造城市软实力，成为全球城市。上海世博会将"城市，让生活更美好"的精神遗产传播至世界各地。2014 年世界城市日的全球主场活动、2015 年与 2021 年的中国主场活动均在上海举办，2022 年世界城市日全球主场活动再次回归上海，上海再次聚焦全世界的目光，交出城市可持续发展的新答卷。

2. 以创新实践丰富城市精神品格新内涵

新时代新征程，上海大力弘扬城市精神与城市品格，提振领导干部和广大群众的精气神，以昂扬的姿态奋力创造发展新奇迹，加快建设富有时代特征、中国特色、上海特点的社会主义现代化国际大都市，以文明实践和文明创建不断丰富充实城市精神品格的内涵。

一是以"四个放在"为指引，海纳百川，领开放之先。"四个放在"是习近平同志在上海工作期间提出的重要施政理念，体现出清晰的政策导向、科学的思想方法，更体现出博大的胸襟、强烈的使命担当。"四个放在"是思维、是方法，是格局、是导向，也是可操作的行动规范，符合实践要求，具有深刻意蕴。

"四个放在"是上海服务于国家发展战略的重要定位，充分体现了上海海纳百川的城市精神品格，对上海提出了更高层级的开放要求：实现上海从"开放"向"开放＋"，乃至"开放N"这一几何级增长的转变，未来实现高质量引领性开放。

上海的开放要在胸襟、眼界、格局上做到识大体、顾大局，有奉献与服务意识，要在思想上和国家形成"一条心"，要在行动上与国家形成"一盘棋"，要做到着眼于长远、服务于大局。

二是以"高质量发展"为标准，追求卓越，策创新之源。高质量发展是上海践行国家新发展理念的必然之举，是追求卓越的题中之义，更是创新品格的集中展现。它对上海提出了更高水平的创新发展标准：上海要将创新作为追求高质量发展这一卓越目标的第一动能，实现从模仿、引进他国创新向自主创新、未来领跑创新的转变。

上海的创新发展要以推动经济发展方式转变、促进产业转型升级、实现新旧动能转换作为依托，既要激活能工巧匠的卓越基因，又要突破既定思维、主动打破路径依赖，坚持科技和制度创新的双轮驱动发展。

在具体落实上，要以"热爱、专业、专注、执着、坚持"的卓越之精神克服创新前进道路上的重重阻碍：全力做强创新引擎，打造自主创新新高地。以提升基础研究和突破关键核心技术为主攻方向，培育多元创新主体，突围前沿科技"卡脖子"困境，成为创新发展的拓荒者和破局者，向科技创新"无人区"大胆挺进，推进国际科创中心建设取得突破性进展，助力国家战略科技力量建设。同时，促进产业链与创新链深度融合，保持创新产业的长板优势，瞄准发力三大先导产业，以国家战略为导向，强化高端产业引领作用，加快释放发展新动能。此外，要加强系统集成创新。创新不仅仅是从无到有的过程，还包括从零到整、从有到好的过程，要加强创新的系统性、整体性、协同性，统筹各领域、各区域的创新进展，形成整体效应，立足于国家战略全局，平衡区域创新能力，把科技创新共同体建设作为重要突破口，推动科技、制度创新资源和平台共建共用共享，形成创新发展合力。

三是践行人民城市重要理念，聚焦"四个更好服务"，开明谦和，燃包容之暖。人民城市人民建，人民城市为人民。上海把最好的资源留给人民，以最优的供给服务人民。上海深入贯彻人民城市重要理念，聚焦"四个更好服务"，以"五个人人"为目标，建设习近平文化思想最佳实践地的"上海样本"。人人都有人生出彩机会的城市、人人都能有序参与治理的城市、人人都能享有品质生活的城市、人人都能切实感受温度的城市、人人都能拥有归属认同的城市——"五个人人"是上海对人民城市建设理念的具体诠释，其深化了上海开明、谦和以及包容的城市精神品格，要求上海对其城市主体从被动的"容纳"走向主动成就。

上海是光荣之城，这座城市在未来发展中人民底色应愈发鲜亮，不但要成为宜业、宜居、宜乐、宜游的场所，而且更要成为成就个人人生的舞台，要彰显人本价值、人性光辉，要"处处围绕人、时时为了人"。不论是百年老街上的"熊掌咖啡"，还是地铁站里触手可及的"白领早餐"，抑或嵌入式的社区智慧养老以及数字化治理下的"沉默的少数"，这座人民城市让每个细节、每个角落都充满了"小确幸"与暖暖的爱意。一直以来，上海这座城市给予人们以温暖的守候，让人民有更多的认同感、归属感和获得感。

二、以创新实践构筑新型城市文明

自浦东开发开放以来，上海开展大规模、快速化的城市文化空间建设，在保护传承城市文化遗产的同时，不断完善城市文化基础设施和公共文化服务体系，持续扩展升级的文创产业和文化市场，总结和提炼城市发展的伟大创新实践所体现出的先进精神意识，构建城市文化的主要框架、价值内涵和肌理，在上海城市文化软实力建设过程中发挥着愈益重要的作用。这既是对原有文化模式的局限的突破，也是对全球先进城市文化创新的借鉴和援用。以浦东开发开放为起点的上海城市发展创新实践，不仅进一步弘扬彰显了上海城市精神品格，更值得一提的是，从城市精神内涵和城市发展理念两个维度凝结出新的城市文明向度。

（一）"以人为本"的城市精神

一是敢为人先的创新意识，上海被赋予改革开放的排头兵和创新发展的先行者的角色，在城市经济社会发展中勇于破难题、立新局，凝练了一种敢为人先的创新意识。二是开放包容精神，上海的改革开放立足国情市情，借鉴全球先进经验，具备世界眼光，创新制度营造良好的营商环境。三是卓越意识，上海作为科技创新高地，整个城市有强烈的创新欲望，以及精益求精的追求卓越意识。近年来，上海在城市管理和社会服务方面同样追求卓越。上海城市治理的卓越意识主要体现在一流的营商环境和一流的运行能力，构建高效、精准、智慧的政务服务和城市管理体系。政务服务"一网通办"、城市运行"一网统管"，是上海正在着力打造的两大品牌。四是人本精神，上海的开放是面向世界的开放，是以人为本的改革，根据人才特点和需求情况创新人才支持政策，形成了一整套的引进智力人才的机制，充分发挥人才的主观积极的创造性。五是现代法治意识，上海善于用法律来保证城市规划的严肃性和历史的延续性，既高度开放又严格管理，在招商引资上设立"高压线"，透明公正。六是科学精神，上海在改革开放中重研究、求实效。实行"三个先导"：规划先导、法规先导、政策先导。做到"三立"：立队伍、立思想、立基础。实施"三个先行"：金融先行、贸易先行、高新技术先行。[1]

在城市发展理念方面，从上海世博会主题"城市，让生活更美好"演绎出的城市发展理念，到人民城市重要理念的实践与推进，建设习近平文化思想最佳实践地，上海的创新实践都在转化为上海城市文明建设新作为。

2010年上海世博会的主题是"城市，让生活更美好"。中国用充满中华智慧的"和谐"理念，回答着"什么样的城市让生活更美好、什么样的生活方式让城市更美好、什么样的城市发展模式让地球家园更美好"，用天人和谐、人际和谐、身心和谐，向世界打开人与自然、人与城市、人与人和谐共存的窗口，奏响了"和为贵，谐为美"的动人乐章。

透过世博会这一窗口，上海向世界表明了城市的繁荣可以和城市化发展同步并行，城市的发展既不应以牺牲大部分居民利益为代价，也不应以牺牲自然和环境为代价。这一理念既体现了城市发展中的中华智慧，也凸显了城市发展理念中的人民性。

（二）倾力建设新时代文化新形态

2023年底，习近平总书记在上海考察时，对上海提出加快建成具有世界影响力的社会主义现代化国际大都市的更高希望。为贯彻习近平总书记考察上海重要讲话精神，上海提出"建设习近平文化思想最佳实践地"。这一文化建设新使命既是着眼于未来的，也是开放务实的。上海建设习近平文化思想最佳实践地，既为上海加快建成具有世

---

[1] 陈高宏：《浦东开发开放的历史使命、卓越成就和精神气质》，《解放日报》2021年7月15日。

界影响力的社会主义现代化国际大都市提供强大精神力量、有利文化条件，也为学习贯彻习近平文化思想提供越来越丰富的上海样本和上海经验。

习近平文化思想既有文化理论观点上的创新和突破，又有文化工作布局上的部署要求，明体达用、体用贯通，明确了新时代文化建设的路线图和任务书。习近平文化思想最佳实践地重在"建设"，这一新文化使命的提出，必将推动上海更加注重从全局和战略高度看待文化建设问题，更好担负起做好宣传思想文化工作的重大政治责任；必将推动上海把习近平文化思想贯彻到宣传思想文化工作各方面和全过程，更好担负起主管部门的文化责任；必将推动上海文化事业和文化产业发展，在彰显"上海文化"品牌标识度和影响力上拿出更加有力的举措。建设习近平文化思想最佳实践地的成效，既体现在上海党员干部贯彻习近平文化思想的力度上，也体现在上海文化在国内外的影响力和竞争力提升上，但最根本的还是体现在上海广大人民群众对上海文化建设的满意度上。

打造文化自信自强上海样本，建设习近平文化思想最佳实践地，这是上海建设社会主义国际文化大都市必须担负起的重任。上海是文化建设的高地，也是展示中华文化的重要窗口。红色文化、海派文化、江南文化在这座城市融合发展、发扬光大；红色文化指向人民城市建设的精神引领，江南文化连接人民城市建设的文化传承，海派文化则更注重融合与共生。人民城市建设成为"三种文化"融合发展的广阔舞台，以人民为中心，具有生活质感和情感深度的文化才是"活的文化"。当"三种文化"浑然一体地融入上海城市的日常生活，弘扬上海城市精神和品格也就拥有了最为坚实的基础。

《上海市建设习近平文化思想最佳实践地行动方案》明确提出要

提高政治站位，把建设习近平文化思想最佳实践地作为全局性战略任务抓紧抓好，把打造具有世界影响力的上海文化品牌作为主攻方向，把深化文化体制改革、激发文化创新创造活力贯穿工作始终，奋力开创社会主义国际文化大都市建设新局面。

三、推动文明城市创建向城市文明构建演进

城市创建由"文明城市"向"城市文明"进化，需要创新城市发展理念和城市治理路径，更需要上海拿出统揽全局的顶层设计和对标聚焦的精准落子，推动文明创建华丽蝶变，实现城市发展向上向善。

（一）理念创新：将城市管理建设提升到城市文明高度

党的十八大以来，习近平总书记提出"人民城市人民建，人民城市为人民"，指出城市工作要坚持以人民为中心，为人民创造更加幸福的美好生活。坚持广大人民群众在城市建设和发展中的主体地位，探索具有中国特色、体现时代特征、彰显我国社会主义制度优势的超大城市发展之路。习近平总书记关于城市工作的重要论述具有鲜明的人民性、实践性、时代性，把城市建设和治理提升到城市文明的高度，是对城市发展规律的深刻认识，是对城市发展理念的创新。

"人民城市人民建，人民城市为人民。"作为人民城市重要理念提出地，上海已成为践行这一重要理念的排头兵。为更好服务人民城市建设，上海将精神文明创建贯穿于城市规划、建设、管理全过程各环节，把最好的资源留给人民，以优质的供给服务人民，促进城乡文明融合发展。通过问需于民、问计于民、问效于民来凝聚人心汇聚民智，更好组织群众、动员群众参与现代化建设。

城市的文明程度是一座城市现代治理能力的综合体现，反映在城

市规划、建设、管理、服务各个方面，需要用系统观念谋划推进，不断强化前瞻性思考、全局性谋划、战略性布局、整体性推进。用心用情，坚持虚功实做，把精神文明建设同城市建设运行的具体业务工作一体部署、一体推进、一体落实，创造性地将其转化为精神文明建设的生动实践。

针对城市建设运行的复杂巨系统，一方面把满足人民群众的获得感作为各单位、各行业文明创建的出发点与落脚点，解决痛点、回应关切；另一方面，通过问需于民、问计于民、问效于民来凝聚人心汇聚民智，更好组织群众、动员群众，把各方面积极性更好调动起来投身现代化建设，实现城市高质量发展。

坚持利民惠民，针对群众最关心、最直接、最现实的痛点难点堵点，相关部门着力解决问题的过程，就成为文明创建有形、有感、有效的载体和抓手。精神文明建设同样是最需要创新的领域，只有站在时代前沿，引领风气之先，精神文明建设才能发挥更大威力。以上海众多百年行业、百年企业为例，结合日常工作通过创新引领，将这样一股"精气神"融入价值准则和行为规范，推动行业企业的整体发展和提升。文明创建，就要把群众参与平台搭建好、机制优化好、措施供给好、经验总结好，推动人们在为家庭谋幸福、为他人送温暖、为社会作贡献过程中提高精神境界、培育文明风尚。以"过得硬"窗口服务引领城市文明新风尚。中国国际进口博览会已成功举办了七届，上海在总结经验基础上，进一步深化窗口服务保障、城市文明志愿服务和社会宣传等工作，将其有机融入文明创建、文明培育、文明实践等精神文明建设各项任务的持续推进中，吸引国际展商近悦远来。

（二）实践探索：凝结新型城市文明内核

上海正在深入推进"创新之城、人文之城、生态之城"的建设，精心打造一座人人拥有归属认同的城市，不断激发共建"属于人民、服务人民、成就人民"美好城市的积极性、主动性、创造性，构建"人人参与、人人负责、人人奉献、人人共享"的城市治理共同体，为加快建成具有世界影响力的社会主义现代化国际大都市提供不竭动力。

1. 提升上海在全球城市网络中的实力地位

上海要建成具有世界影响力的国际大都市，构筑新型城市文明，必须努力提升上海在世界要素市场的配置地位、在国际规则制定中的话语权、全球科技策源的中心地位。

近年来，上海大力实施标准化战略，标准化影响力持续提升。截至 2021 年底，累计牵头制定国际标准 115 项，主导制定国家标准 4039 项，发布实施地方标准 996 项。特别是，在服务"一带一路"建设上，"上海标准"发挥了重要支撑引领作用，在重大装备、工程、技术、产品方面实现了标准"软联通"。同时，以人民币计价的"上海价格"和"上海指数"持续扩容，"上海油""上海金""上海银""上海铜"在国际金融市场上广泛使用，上海银行间同业拆放利率、贷款市场报价利率等基准利率市场化形成机制也不断完善，上海期货交易所在全球金融市场的影响力日渐提升。[1] "上海经济"在全球城市中持续进位、"上海指数"在世界要素市场中高效配置、"上海标准"在国际规则制定中话语提升、"上海创新"在世界科技策源中地位凸显、"上海文化"在国际传播中活力四射、"上海风范"在世界城市中魅力无限。上海正在实现从跟跑、并跑到领跑的蜕变，正在努力构筑城市功能新优势。这些优势和影响都成为上海城市软实力的重要组成部分，必将转化为新型城市文明的内涵甚至内核。

---

[1] 盛垒、薛泽林：《从纽约、伦敦来看，怎样的城市才真正"具有世界影响力"》，《解放日报》2022 年 9 月 5 日。

2. 打造"三个城市"，探索新型城市文明构建的路径

依托"15分钟文明实践圈"、"一江一河"文明实践带和"五个新城"文明实践群，打造"一圈一带一群"，建设具有全球影响力的"一江一河"世界级滨水区，是上海建设"五个中心"、打造"三个城市"的生动实践，是贯彻人民城市重要理念的重要举措，更是聚焦新型城市文明构建的重要探索。

"把最好的资源留给人民。"用绣花针功夫绘制"一江一河"世界级滨水区画卷，从经验走向科学，形成了一系列可借鉴推广的"上海模式"，成为讲好上海故事、弘扬城市精神、展现创新魅力、彰显中国式现代化光明前景的重要窗口。

建设具有全球影响力的"一江一河"世界级滨水区，是上海市委、市政府推进多部门联动、跨区域协同，集中展现社会主义制度优越性的生动实践，也是超大城市推进人与自然和谐共生的中国式现代化的创新探索，更是贯彻人民城市重要理念、满足人民美好生活新需求的坚定务实之举。

经过不懈努力，"一江一河"滨水区实现了"工业锈带"向"生活秀带""发展绣带"的转变，生态、经济、社会效益逐步显现。2019年11月，习近平总书记在考察杨浦滨江时，首次提出"人民城市人民建，人民城市为人民"，这既是对"一江一河"滨水区建设的最大肯定、最高褒奖，也赋予了上海建设新时代人民城市的新使命。

真正还江于民，"生态之城"示范区初步成型。截至2023年底，黄浦江滨水区贯通达到59千米，累计建成1200多公顷公共空间，漫步、跑步、骑行等休闲道150多千米，苏州河由全线黑臭蜕变为大部分区域Ⅲ类水质、部分区域Ⅱ类水质，20余处大型生态绿地相继建成开放，新增休闲主题公园20余处。儿童友好空间示范区、文物保护利

用示范区、公园城市示范区、全域旅游示范区、无障碍示范区等区域不断扩大，杨浦滨江"生活秀带"被评为国家文物保护利用示范区。社区食堂、轻餐饮车、直饮水点、跑者驿站、24小时公厕等便民设施不断增加。滨水区生态辐射渗透效果日益凸显，浦东新区焕彩水环和川杨河绿道、宝山蕴藻浜绿道、闵行淀浦河绿道等支流滨水廊道及绿道相继开放。以15分钟生活圈的800—1000米为半径测算，"一江一河"滨水区已覆盖20%的城市人口，常态服务近480万市民群众。

汇聚核心产业，"创新之城"发展区初现蓝图。围绕"五个中心"核心功能承载，金融、航运、商务、科创、文化、旅游等主导产业不断汇聚，智能制造不断升级，科技创新功能日益凸显。陆家嘴金融城、外滩金融带集聚了全市四分之三以上的金融机构，北外滩航运服务企业超过3300家。徐汇滨江推进西岸传媒港、西岸数字谷、西岸金融城、西岸热力秀场、西岸生命蓝湾、西岸数智中心六个百万级产业组团建设，构建起数字经济、生命健康、文化创意、现代金融互为支撑的产业结构，集聚了中央广播电视总台长三角总部、腾讯、网易、阿里巴巴等一批行业领军企业。杨浦滨江超级总部基地发展迅速，已规划建设中节能、中交集团、美团科技中心、哔哩哔哩新时代产业园、抖音上海滨江中心等。

实现开放共享，"人文之城"实践区初具规模。发端于"一江一河"的上海帆船公开赛、上海马拉松赛、上海赛艇公开赛"三上"品牌赛事体系组建完成，成为国际化文化大都市景观体育的"金名片"，奥运会选拔赛资格赛、中国龙舟公开赛、世界极限运动巡回赛等重量级赛事密集呈现。上海市旅游节开幕式、静安国际光影节、苏州河文化艺术节、城市空间艺术季等活动精彩不断。上海国际艺术品交易周、上海咖啡文化周、北外滩"沙特集市"等多场新型集市热点频现。20余座场馆串珠成链，形成西岸美术馆大道。其中，"西岸美术馆与法国蓬皮杜中心五年展陈合作项目"为中法之间最高级别、最长周期的国际文化交流项目。"一江一河"滨水区赛事、会展、演艺、活动齐头并进，文旅体商展叠加发展新态势势头强劲。

（三）固化制度：从文明城市迈向城市文明

上海深耕厚植城市精神品格，奋力践行人民城市重要理念，在文明城市创建活动和探索超大型城市治理实践中，有很多好的做法和经验需要总结沉淀，并固化为可复制可推广的制度。例如，上海在全国率先推出省级新时代文明实践综合服务平台——"上海市新时代文明实践综合服务平台"，集成"新闻发布、宣传展示、互动交流、供需对接、目标管理、统计分析"六大功能，强化与"上海志愿者网"功能互补、与实体平台协同运行，着力构建从"指尖"到"身边"的文明实践新生态。也有不少经过检验很有成效的制度需要进一步与时俱进优化、系统化，比如"垃圾分类条例"、"新七不"规范、"志愿服务条例"、"创建为民"实事工作项目机制等，进而成为新型城市文明的具象与内涵。

以社区志愿服务制度为例，上海在落实落细2020年新版《上海市志愿服务条例》的基础上，不断以项目化运作制度化、服务专业化、供需对接精准化、项目开展常态化等推动志愿服务内涵式发展，促进城市文明的构建。

案例专栏 1-1:

项目化运作制度化保障

2024年12月5日，以"温暖申城　志愿同行"为主题的上海市

"12·5"国际志愿者日活动暨浦东新区志愿服务季在浦东世纪公园音乐广场启动。活动中，上海市志愿者协会、金桥镇碧云一居、塘桥街道南城居民区、浦兴路街道长岛路居民区负责人共同签署合作共建协议，合力推进实施"邻里守望"志愿服务项目。

中央社会工作部在全国启动实施"邻里守望"志愿服务项目，其中在上海浦东新区选取了3个居民区作为实施单位，推动志愿服务深度融入社区治理先行先试，共建人人有责、人人尽责、人人享有的社会治理共同体。

在浦东新区金桥镇碧云一居，外籍人士约占常住人口的近三分之一。居民区党总支通过推出"便民直通车和谐号"等志愿服务项目，打造"FOR YOU"外籍志愿者等一批志愿服务团队，让中外居民守望相助、亲如一家。浦兴路街道长岛路居民区建立健全党建引领"1+7+X"（1个"弘岛"党员志愿服务团队+7个各具特色以"岛"命名的志愿服务团队＋多个群众自治团队）的志愿服务团队体系，党员带头，志愿同行，将居民个人的零散想法整合成为提升社区品质的强大推力，让曾经的治理"难点"成为长岛"亮点"。塘桥街道南城居民区注重链接整合周边商圈、企业、医院、学校等各方资源，定期开展口腔护理、法律咨询、金融理财等志愿服务项目。

为动员全社会共同参与志愿服务，浦东新区精心谋划推出了志愿服务的两大抓手载体。一项是"璀璨浦东·志愿前行"志愿服务季系列活动，即把每年的12月5日（国际志愿者日）至次年3月5日（学雷锋纪念日）作为志愿服务季，各委办局、各街镇等层面集中开展各类志愿服务活动。另一项是"情暖浦东"志愿服务月度项目清单制度，即通过每月确立一个主题，集中性开展志愿服务活动。

案例专栏 1-2：

打造志愿服务专业化机制

从三林镇链接上海乐群社工服务社培育壮大"林小舍"营造市集等志愿服务项目，到浦东新区人民医院医护志愿者深入农村社区为村民量身定制"健康处方"；从张江镇联动上海公益社工师事务所打造妇女议事会品牌，到上海海洋大学被授牌"全国志愿服务项目孵化基地"……专业的力量、专业的方法，不断提升质效、拓展外延。区委社会工作部通过探索"社工机构＋志愿服务组织""专业社工＋专门志愿者"等协同联动机制，推动社会工作和志愿服务深度融合，创新浦东志愿服务的专业化模式。

借助上海乐群社工服务社的专业力量，三林镇志愿服务中心培育了世博西一居"银龄守护"为老服务、三林村"我爱单车"、懿德社区"林小舍"营造市集等一批志愿服务项目。这种"专业社工＋志愿者"的模式，打造了一幅幅"人人起而行之、处处守望相助、时时共情共鸣"的生动图景。

而在浦东近50个文博场馆里，同样活跃着近万名来自不同领域的专业志愿者。来自浦东外国语学校的"红领巾双语讲解"志愿服务队是其中的代表之一。在上海科技馆、上海中医药博物馆等场馆，服务队的小志愿者们各凭所学，用英语、法语等语种向外籍游客展示浦东文旅特色，让他们感受到了上海国际化大都市的独特魅力。

近年来，浦东各三级以上医院纷纷设立"医务社工部"，由医务社工组织医护志愿者开展义诊活动、康复护理等志愿服务。浦东人民医院的"星睦邻"点，是专门为大洪村村民在家门口设立的健康服务站，由医务社工和健康志愿者负责值守，通过面对面健康咨询等方式，及时发现、转介有就医需求的村民。全新的志愿服务模式，通过充分发挥专业医疗力量，补齐农村卫生健康服务短板。

浦东探索"专业社工＋志愿者"联动服务模式，充分发挥了专业社工和志愿者两支队伍的积极作用，达到了"1+1＞2"的效果，推动了新时代社会工作服务和志愿服务的融合发展。

案例专栏 1-3：

志愿服务项目四季不断

2024 年 12 月 5 日，上海市闵行区委社会工作部组织开展"相约四季·社区服务志愿行"推进会暨国际志愿者日主题活动，并正式发布"相约四季·社区服务志愿行"项目，推动"党建＋志愿"融合发展。

上述志愿服务项目立足新兴领域行业特色和资源禀赋，围绕"春晖·邻里季、夏燃·启航季、秋实·温情季、冬暖·爱心季"四大主题，涵盖便民服务、社区治理、平安守护、环境整治、儿童青少年服务、文化活动、敬老慰老、健康关怀、助残帮困等类别，依托四季不断的志愿项目、新兴领域的广泛参与，构建起广覆盖、多渠道、普惠型、常态化、品牌式志愿服务机制。

比如，在"春晖·邻里季"板块，七宝镇的"工班师傅公益行"项目将由工班师傅上门，帮助居民解决日常生活"小事"，包括免费维修损坏的开关面板、免费疏通下水管道、免费检修水电路、厨房卫生间漏水免费打胶、免费调整定制品五金、免费调整木门铰链、免费检查供燃气管漏气等；莘庄镇的"美丽家园共建项目"由康城社区顺丰小哥作为"流动哨"参与社区治理，既帮助孤寡老人，又投身专项整治行动，通过"随手拍"反馈社区问题并跟踪解决情况，顺丰小哥成为社区问题的"侦察员"和"质检员"。

在"秋实·温情季"板块，虹桥镇的"老伙伴计划项目"由低龄老年志愿者向高龄老年人提供家庭互助服务，开展预防失能、健康科普、精神慰藉等家庭关爱活动，以及讲座、沙龙、节日问候等生活辅助服务，预防或降低风险的发生，促进高龄老年人的生活质量和社会交往。

活动现场，由闵行区委社会工作部举办的"点亮同行微光"寻找最美摄影作品展将镜头对准快递小哥、外卖骑手、网约车司机等新就业群体，展现他们在新时代背景下以热爱书写服务篇章、以责任收获社会认可的出彩历程。

案例专栏 1-4:

供需对接，资源可持续良性运作

普陀区石泉路街道志愿服务中心调研民生需求，搭建供需对接平台。中心立足需求，着眼民生。在项目开发、能力培养、业务支持等方面为各级志愿服务组织提供支持，鼓励群团组织、企事业单位、其他社会组织和居委建立志愿服务站点，开展服务活动，强化志愿服务供需对接，逐步做实志愿服务中心功能，全面提高志愿服务水平。

建立项目菜单，整合优势资源，提升供需对接精准化水平。根据志愿服务意向征询表，和每个有意向的志愿服务团队（志愿者）逐一确定志愿服务项目及服务频率，形成石泉志愿服务项目菜单。充分整合发挥社区内街道、单位、学校、社会组织的优势资源，结合各社区情况实际开展丰富多彩的共建志愿活动，如"美好生活大讲堂"，整合了志愿者的各个特长资源，为社区提供不同种类的活动菜单。在前期志愿服务需求调研中，采集亲子家庭服务样本，根据亲子家庭参与志愿服务的需求与意愿，全新打造了石泉特色的亲子公益集市，激发了亲子家庭参与志愿服务的热情，并由集市募集的公益资金成立了石泉路街道基金会——志愿服务中心专项基金，反哺于石泉"孝亲公益"项目，打造了志愿服务资源的可持续良性可循环运作。

第二章

红色基因凝心铸魂

　　上海是中国共产党的诞生地和早期中共中央机关所在地，是伟大建党精神孕育地。据相关统计，上海共拥有各类红色资源 612 处，包括博物馆和陈列馆类、故居和旧址类、陵园和墓地类、纪念碑类和其他遗址遗迹类等。此外，还包括由上述资源拓展出的主题书店、主题公园、演艺场馆、主题景观等城市红色文化空间，共同构成了上海红色资源保护传承的核心架构和多层载体。

　　近年来，上海深入实施"党的诞生地"发掘宣传工程、红色文化传承弘扬工程和革命文物保护利用工程。构建红色资源保护利用大联动格局，通过不同业态的跨界融合推进红色资源创新转化，利用数字技术赋能红色文化传播，积极培育践行社会主义核心价值观，有效传播上海城市形象和精神品格，在强化公民教育的同时更好满足人民群众精神文化需求。2024 年 5 月至 7 月，上海开展"光荣之城"红色文化季，全面实施研究出版、展览展陈、文艺影视、社会宣教、思政研学、旅游文创等百余个市级重点项目和精品活动，进一步讲活讲好红色文化故事。

一、打响"党的诞生地"红色文化品牌

　　一个民族的复兴需要强大的物质力量，也需要强大的精神力量。近代以来，上海经济快速发展，文化上表现出先进性、融合性和创造性等特点。上海是孕育中国红色基因的重要阵地之一。中国共产党在上海

创建，并在长达 12 年的时间内将中共中央机关设置在上海。在此期间，党确立了马克思主义的指导原则，讨论制定党的纲领和章程，逐步发展并拥有了广泛而深厚的社会基础。在新的历史起点上，面对推动文化繁荣、建设文化强国的文化使命，上海要继续深挖红色资源、守护红色根脉、弘扬革命文化，持续拓展更多元的创新形式，将红色血脉、铮铮誓言化作前行动力，进一步打响"党的诞生地"红色文化品牌。

（一）红色文化是上海城市的底色

一百多年来，上海人民在党的领导下进行了波澜壮阔的革命、建设和改革，形成了丰富的红色资源。为打造文化自信自强上海样本，建设习近平文化思想最佳实践地，必须赓续传承以伟大建党精神为核心和灵魂的上海城市红色文脉。

上海通过对红色资源进行保护修缮、公众展示、社会教育活动策划和文化衍生品研发营销等手段，为公众创造了联结历史与当下、群体与整体、艺术与现实、自然与人类、专业与跨界等互动关系的诠释框架，强化了公众对红色文化内涵的认知理解、情感疏导。

（二）红色文化融入公众文化生活

赓续红色血脉、弘扬城市精神，上海勇担新的文化使命，努力在建设物质文明和精神文明相协调的现代化上走在前列，全力保护传承城市文脉，实施"党的诞生地"红色文化传承弘扬工程，相关文化产品与服务丰富多彩，不断绘就中国式现代化的文化图景，涵养人民城市建设的文化温度。

红色文化成为城市文化创新发展的新动力。作为红色文化的具体载体，红色资源具有较强的政治性、文化性和教育性等特征，红色资源所提供的展览、社会教育活动和各类文化衍生品越来越满足公众对知识性、高质量和个性化消费的强烈需求。越来越多的红色资源尝试引入创新策略，将传统意义上的文化产品与服务转化为公众的学习和活动体验。近几年，上海市委、市政府先后发布了《关于加快本市文化创意产业创新发展的若干意见》、打响上海"四大品牌"等政策措施，其中都期冀红色资源能够利用自身资源优势，发展为更丰富、更有活力的文化形态。线下线上资源研发齐头并进，推出了大量优质的社会教育资源和文化创意产品，同时积极开拓跨界合作，与影视、游戏、动漫、旅游等领域融合，也为未来文化消费方式日益多样化勾画出广阔前景，从而将红色资源融入公众的日常生活中。

依托红色资源的文旅产业助力城市可持续发展。从文化旅游产业的角度看，中共一大纪念馆、上海孙中山故居纪念馆、上海宋庆龄故居纪念馆、中国共产党代表团驻沪办事处纪念馆（周公馆）等建筑遗产具有丰富的美学、考古、建筑、文化、历史、社会，以及政治、精神或象征价值。随着它们逐步被修缮开放，能够展现更多的当代价值和公共功能。在保护利用大量原真性的遗址遗迹时，尽可能地保留和还原其原始状态，"修旧如旧"，如龙华烈士纪念馆等。一般而言，公众更偏好在有机发展的空间中进行参观，因为有机发展的空间更具历史脉络和文化积淀，也更自然、更吸引人。大量珍贵的革命文物，能够为文旅发展提供重要的内容叙事建构基础。红色资源提供了丰富的无形资产，能够通过开发、加工和传播来增强上海城市的文化和精神特性。

案例专栏 2-1：

2024 年上海红色文化季

2024 年 5 月至 7 月期间，上海用一场别开生面的红色文化盛宴，让这座"光荣之城"的革命记忆焕发出新的时代光彩。中共上海市委宣传部联合市委党史研究室、市文旅局等相关部门，在全市范围内组织开展了"光荣之城"2024年上海红色文化季系列活动。该活动整合市级及各区资源，系统规划了研究出版、展览展陈、文艺影视、社会宣教、思政研学、旅游文创等六大主题板块，共计推出56个市级重点项目和75项全市性精品活动。[1]

这场文化盛事全面展示了上海作为党的诞生地所蕴含的丰富红色文化资源及其历史底蕴，让红色文化变得更可触可感。其间，重点推出了"党的诞生地"主题系列出版物，从不同维度深化了对上海红色历史的研究，为党史研究提供了新的学术视角和文献支撑。着力打造多层次、立体化的红色文化展示体系，推出中央特科机关旧址纪念馆展陈、恢复开放中国共产党代表团驻沪办事处纪念馆（周公馆），依托丰富的革命文物，引领观众走进波澜壮阔的革命岁月。创作了一批思想性和艺术性俱佳的红色文艺作品。舞剧纪实电影《永不消逝的电波》、现代京剧《龙潭英杰》、原创民族歌剧《义勇军进行曲》等作品，运用多样化的艺术表现形式，实现了红色主题与现代表达手法的有机融合，为红色文化的艺术呈现开辟了新路径。创新传播教育形式，从龙华烈士纪念馆的沉浸式讲解，到中共一大纪念馆的"当新青年'遇见'马克思——探寻初心之旅3.0"，通过互动参与的方式增强了红色教育的吸引力和实效性。面向青少年开发的红色研学课程，如"来上海，赴一场红色之旅"全国青少年红色研学邀请活动、"红途学苑·大思政课"和"红色印记"情景党课等。推出"红色印记"上海城市红色寻访活动，升级上线"中共一大·二大·四大景区"红色巴士专线和"初心启航·浦江红色文化

---

[1] 李婷、卫中：《2024上海红色文化季丨在可亲可近中让红色文化更可感可知》，载文汇网，2024年8月9日。

游"浦江游览观光专线，进一步强化红色文旅发展。

二、构建红色资源保护利用大联动格局

上海逐步完善组织管理机制、深化红色文化研究阐释联动、推进红色资源片区化保护利用，加强资源整合，构建红色遗址、革命文物、纪念设施、档案文献等联动保护利用格局。上海相继出台了针对红色资源保护利用的专项规划和管理条例，以积极推动新时代红色资源保护利用工作。近年来，市级层面出台了《全力打响"上海文化"品牌　加快建成国际文化大都市三年行动计划（2018—2020 年）》《全力打响"上海文化"品牌　深化建设社会主义国际文化大都市三年行动计划（2021—2023 年）》《关于实施上海市革命文物保护利用工程（2018—2022 年）的意见》等一揽子政策措施，到《上海市红色资源传承弘扬和保护利用条例》的颁布实施，上海关于红色资源保护利用的政策法规体系基本成形，并且具备了具有更强效力的法律意义上的保障。在制定落实上海市"十四五"规划纲要及开展"十五五"规划前置研究的过程中，红色资源对于打造上海红色文化品牌、根植上海城市文化根脉、推动上海文化事业和文化产业发展、促进上海建设社会主义国际文化大都市和世界著名旅游城市中的主体地位得到了进一步明确和提升。自 2021 年起，上海市分批次核定和公布了革命文物名录（第一、二批）和红色资源名录（第一批），名单"未完待续"，更充分地夯实了红色资源保护利用的基础研究和工作对象。

（一）完善组织管理机制

上海市文物局设立革命文物处，专职管理统筹相关资源的保护利用工作。由于红色资源的保护利用工作涉及多层级多部门的协调合

作，为更便于统筹，自 2021 年起，上海建立了市、区两级红色资源保护利用工作联席会议制度。《上海市红色资源传承弘扬和保护利用条例》中规定联席会议是"党委领导下的市、区两级以宣传、党史研究、档案、文化旅游、规划资源、住房和城乡建设、退役军人事务、教育等部门和机构为主要成员单位"[1]，明确了各成员单位的职责，对全市范围内 150 处重要的红色资源和可移动革命文物专门制定了整体性和个性化的保护规划。该制度虽非上海首创，但条例赋予了这一制度更多一层的"精准定标"之责，如审定红色资源认定标准、指定相关部门对列入名录的红色资源设置纪念标识等。

加强多主体协作，深化红色文化研究阐释联动。在行业内先后成立上海革命场馆联盟和红色文化宣传教育联盟，为联合开展红色资源研究、保护和展示利用提供了良好平台，并以联盟为基础，继续拓展与其他社会主体，如高校、科研机构、文创企业的广泛深度合作。突出红色文化的牵引性，以中共一大、二大、四大纪念馆联动联建为核心承载，推动全市红色历史遗址和大量珍贵红色文物连点成线、织线成网，红色文艺、红色文教、红色文旅精品迭出、叫好叫座。增强文化遗产保护利用的系统性，建立文化遗产保护传承专项工作机制，构建文化遗产系统性保护利用的大格局。

案例专栏 2-2：

上海市革命场馆联盟

为进一步打响"党的诞生地"红色文化品牌，大力传承弘扬红色

---

[1]《〈上海市红色资源传承弘扬和保护利用条例〉7 月 1 日起实施，全文来了》，载上观新闻网，2021 年 5 月 24 日。

文化，高质量统筹利用全市革命文物资源，按照《上海市红色资源传承弘扬和保护利用条例》的相关要求，由市委宣传部、市文化和旅游局指导，2023 年 7 月 27 日，上海全市革命场馆共同发起成立上海市革命场馆联盟。联盟由沪上 41 家革命场馆[1]组成，推选中国共产党第一次全国代表大会纪念馆作为联盟首任轮值理事长单位。联盟以打造上海全市革命场馆工作交流平台、促进高质量协同发展、传承弘扬红色文化为己任，通过开展重大课题系统研究、整合文物资源、举办联合展览，丰富"大思政课"实践教学内容供给、构建馆校育人共同体等工作，推动馆际研究、策展、讲解、运营等方面的交流。联盟还与上海大学、上海市中共党史学会、上海旅游高等专科学校、上海美术设计有限公司签署战略合作协议，鼓励推动社会力量积极参与上海革命场馆事业发展、红色文化传承弘扬。

联盟成立后，"红课启航"革命场馆开学第一课正式启动，该活动由本市 13 家革命场馆的 15 节精品思政课程组成，通过革命文

---

[1]　具体包括：上海鲁迅纪念馆、中国共产党第一次全国代表大会纪念馆、上海市历史博物馆（上海革命历史博物馆）、上海韬奋纪念馆、上海宋庆龄故居纪念馆、中华人民共和国名誉主席宋庆龄陵园、上海市陶行知纪念馆、李白烈士故居、上海孙中山故居纪念馆、上海市长宁区革命文物陈列馆、上海三山会馆、黄炎培故居、陈化成纪念馆、中国劳动组合书记部旧址陈列馆、张闻天故居、上海市龙华烈士陵园（龙华烈士纪念馆）、上海毛泽东旧居陈列馆、上海淞沪抗战纪念馆、陈云纪念馆、中国左翼作家联盟成立大会会址纪念馆、中国共产党第二次全国代表大会会址纪念馆、中国社会主义青年团中央机关旧址纪念馆、中共上海地下组织斗争史陈列馆暨刘长胜故居、上海解放纪念馆、中共三大后中央局机关历史纪念馆、顾正红纪念馆、国歌展示馆、上海交通大学钱学森图书馆、中共淞浦特委机关旧址陈列馆、中国共产党第四次全国代表大会纪念馆、上海凝聚力工程博物馆、上海四行仓库抗战纪念馆、中共中央上海局机关旧址、中国证券博物馆、上海崇明竖新抗日战争博物馆、中国共产党发起组成立地（《新青年》编辑部）旧址、中共中央军委机关旧址纪念馆、中共中央政治局机关旧址（1928—1931 年）、沪西工人半日学校史料陈列馆、中共中央秘书处机关旧址纪念馆、中共中央特科机关旧址纪念馆。参见《上海市革命场馆联盟成立》，载"中共一大纪念馆"微信公众号，2023 年 7 月 27 日。

物、红色电影、红色歌曲等多种形式，引导青少年扣好人生"第一粒扣子"，树立正确的世界观、人生观、价值观。这些革命场馆课程在 2023 学年开学之际走进校园、走上讲台，和中小学校一起上好开学第一课。[1]

（二）推进红色资源集群化片区化保护利用

上海在红色资源的保护利用规划中积极探索集群化片区化发展的模式。集群化片区化发展的现实意义在于可以有效提升红色资源的规模效应，形成对所涉及红色资源的系统性保护、管理与研究，为更多公众构建起更完整的叙事脉络，提升红色资源稳定结构的整体竞争力。[2] 以中国共产党一大·二大·四大纪念馆景区为例，集群化片区化发展能够在红色资源之间实现优势互补和资源共享，包括弥补人力资源和物力资源的不足，也能够弥补信息资源、营销资源和教育资源的不足，鼓励资源禀赋占优的综合性大馆将资源与经验向外输出。

案例专栏 2-3：
中国共产党一大·二大·四大纪念馆景区

2021 年 6 月 9 日，文化和旅游部发布公告，确定上海市中国共产党一大·二大·四大纪念馆景区为国家 5A 级旅游景区，这是上海首

---

[1] 钟菡：《打响"党的诞生地"红色文化品牌 上海 41 家场馆成立革命场馆联盟》，载上观新闻网，2023 年 7 月 28 日。

[2] 王小明、宋娴：《重构与发展——博物馆集群化运营研究》，上海科技教育出版社 2015 年版，第 8 页。

个红色 5A 级旅游景区。[1]2021 年 5 月 25 日，串联起这些红色场馆的"红色专线车"开通，便于公众整体性参观。

为了更好发挥中共一大纪念馆牵头联系作用，加强市区间，乃至区际、馆际的工作联通，2022 年，经市联席会议审议同意，建立中共一、二、四大场馆管理委员会，成员单位包括市委宣传部、市委党史研究室、市文化和旅游局、市档案局、市发展改革委、市财政局、市教卫工作党委，黄浦、静安、虹口三个区的区委宣传部，以及三家红色场馆。管理委员会的具体职责包括：建立定期协商例会制度，加强信息沟通和工作协调；形成各馆年度重点项目合作方案，做到年初有计划、年中有落实、年末有总结；推动各馆在场馆保护、展陈提升、临展巡展、5A 景区旅游推广、文创开发、出版读物、长三角联动等方面的合作；支持各馆共同开展红色故事讲演大赛、学术研究论坛、红色文化传播等活动；加强各馆人才队伍建设，在研究、保管、讲解等领域开展合作和培训等。[2]

几年来，管理委员会统筹各馆资源，先后推出了"中共一、二、四大场馆管委会 IP 元素库"，库内嵌有 IP 一览、文创产品一览、个人信息三大模块，可以实现商标与著作权的分类目检索，显示元素相关联的文创产品信息，确保了著作权信息的透明度和准确性，提供了一个全面的互动平台；搭建了中共一、二、四大场馆干部人才双向交流锻炼通道，加强人才共育；研发了中共一、二、四大管委会联名款文化创意产品等。通过有效协调，使得中国共产党一大·二大·四大纪念馆景区以

[1] 李宝花：《上海新添一家 5A 级旅游景区！中共一大·二大·四大纪念馆国家 5A 级景区挂牌》，载上观新闻网，2023 年 2 月 17 日。

[2] 潘敏、权衡主编：《上海市红色资源传承弘扬和保护利用蓝皮书（2021—2022）》，上海社会科学院出版社 2023 年版，第 7—8 页。

更丰富的传播方式带给公众多样化、活态化、对象化的参与体验。

案例专栏 2-4：
上海龙华革命烈士纪念地项目

上海龙华革命烈士纪念地主要由龙华革命烈士就义地和原国民党淞沪警备司令部旧址两部分组成。[1] 与其他单体式红色资源不同，龙华革命烈士纪念地本身体量较大，具有显著的环境景观特征。"龙华革命烈士就义地"原本是在军队 7315 工厂所辖区域内，造成了与陵园主轴和警备司令部旧址在地面实现连接、形成一体的困难。[2] 2019 年，经多方努力，工厂土地通过置换交由市政府管理。扩建后，陵园主体可通过地面通道与就义地连通，形成完整整体。

改扩建工程的重点是对"连通区域"的景观塑造，使整体场景既符合纪念仪式和信息传播等功能性需求，也符合审美等观赏性需求。"连通区域"被分为了"入口弧形广场""忠魂颂广场""初心大道""追思花海区""烈士家属、老干部休息室""斗争与胜利广场""'为了忘却的记念'二十四烈士主题雕塑园""就义地遗址区"等部分。一方面，在不同部分中利用植物打造景观，也利用部分植物的象征性加深场景的文化记忆隐喻。例如，在"初心大道"两侧移植高挺的楠木，用以表现烈士坚贞不屈的革命信仰；在"追思花海区"用孔雀草对应"国

---

[1] 王志亮：《上海的军事监狱——原国民党淞沪警备司令部军法处看守所》，《大连近代史研究》2017 年第 14 期。

[2] 刘智伟、邢同和、刘彬：《环境纪念性的建构——记上海龙华革命烈士纪念地项目》，《当代建筑》2022 年第 2 期。

旗黄"、用一串红对应"国旗红"。[1]另一方面，利用不同的建筑、雕塑和场景形态传递文化记忆。例如，"英雄之路"上设置了不同的纪念广场，每一广场都用不同的铜雕凸显和渲染主题。"制诗亭"为观众提供了了解衍生信息和表达参观感受的空间。

三、推进红色文化传承弘扬工程

近年来，上海策划推出了一批高质量的红色文化展览，如"中共一大纪念馆基本陈列""上海市历史博物馆（上海革命历史博物馆）基本陈列"等。"十三五"期间，红色文化展览的参观人数达到了945万人次，较"十二五"期间增加了600余万人次。[2]2023年，中共一大纪念馆接待观众总量为293.8万人次，位列全市博物馆之首，上海市历史博物馆（上海革命历史博物馆）接待观众总量为127.53万人次，上海龙华烈士纪念馆接待观众总量为104.29万人次，陈云纪念馆接待观众总量为76.28万人次，位列全市博物馆前十。[3]同时，上海红色资源为充分挖掘社会利用的可及程度和效益潜力，在依托资源本体的基础上，积极探索跨界演绎方式，向公众阐释红色文化故事，如与各类演艺样态结合，呈现精彩纷呈的剧目演出；鼓励不同主体研发红色文创，拓展营销推广渠道；大力发展红色旅游，依托红色资源发展形成新型旅游业态；推进红色文化青少年传播，打造大中小幼一体化思

［1］ 刘智伟、邢同和、刘彬：《环境纪念性的建构——记上海龙华革命烈士纪念地项目》，《当代建筑》2022年第2期。

［2］《上海市不可移动革命文物保护利用报告（2018—2022年）》，载上海市文化和旅游局网，2022年12月30日。

［3］ 李君娜：《〈2023年上海市博物馆年度报告〉出炉，中共一大纪念馆人气第一》，载上观新闻网，2024年5月18日。

政课品牌，将红色资源更充分地融入学校课程体系中。

（一）用多视角的叙事方式提升红色资源展陈水平

以"党的诞生地"为阐释核心，策划和推介系列精品展览，如中共一大纪念馆"伟大的开端——中国共产党创建历史陈列"等。站在更广阔的社会文化视角，增加历史细节的呈现，并与现代生活、公众知识与情感形成对话。上海交通大学钱学森图书馆举办的"选择——钱学森的初心与信仰"特展提炼钱学森一生中的三次重要"选择"，以及这些选择与国家、时代的互动关系，为观众呈现更丰满立体的爱国科学家形象。同时，利用新的展陈技术和表现手段为红色文化叙事赋能。无论是以"科技 + 游戏 + 互联网"为特色的"复兴·颂"红色文化体验空间，集理论教育、党性教育、经典文献收藏、艺术品收藏于一体的《共产党宣言》情景教学馆，还是可看可听可学可玩的 1925 书局和 1927·鲁迅与内山纪念书局，都尝试为公众创设过程式学习情境，推动红色文化成为构建公众生活实践的重要部分。

此外，作为红色资源转化和红色文化公众传播的延伸，上海还在城市轨交公交站点、公园绿地、社区文化活动中心等公共空间设置红色文化展示长廊、纪念标识等，探索将红色文化融入现代城市生活。例如，拓展地铁文化长廊空间，在徐家汇站、龙华站相继推出"海派之源中的红色基因"专题展、"徐'绘'百年前行路——主题创作作品展"、"下一站，博物馆——徐汇区红色脉动探寻之旅"等多场红色主题展览。在 2024 年"光荣之城"红色文化季，人民广场站的地铁音乐角推出"祖国颂"系列主题音乐演出。南京东路站文化长廊展出上海市历史博物馆"光荣之城——上海市革命场馆联盟红色文物史料展"、陕西南路站文化长廊推出"长空破晓东方白——纪念上海解放 75 周年"展览等。上海地铁还联手 SMG"侧耳工作室"同步上线

《千里江山图》计划"线上打卡特别活动,精选书中六大经典城市地标,在毗邻的人民广场、南京东路、中山公园、四川北路、天潼路、龙华六座地铁车站发布打卡海报。

案例专栏 2-5:
"选择——钱学森的初心与信仰"特展

2019 年,上海交通大学钱学森图书馆举办了特展"选择——钱学森的初心与信仰"。在许多人物类纪念馆的叙事中,一般会采用时间顺序或人物重要事迹进行展示。但该展尝试打破这种传统的叙事方式,从发展心理学的角度,提炼钱学森——这一人物自身发展的三次重要"选择",以及这些选择与国家、时代的互动关系,为观众呈现更丰满立体的人物形象。

展览侧重于呈现人物成长过程中对自己下一阶段发展的规划和对理想目标的设定,了解人物的价值观和人生观逐步形成的动因。例如,针对其旅美经历,该展着重关注了他对学业和工作发展的各种考量,以及他对家国命运的担忧。

展览在叙事中增添了人物的学业发展挫折、政治需求与科研发展之间的权衡,以及对导弹研制失败的担责等。这些学业、生活和工作的问题也是观众在日常生活中常常会面对的,由此拉近了人物与观众的距离。同时,展览也描绘了钱学森的许多生活细节和人物性格在人生不同阶段的特征和变化,并引用了亲友、同事的陈述。这些新的探索力求为观众展现一个"有血有肉"的科学家形象。

（二）跨界融合为红色资源的社会利用注入新活力

文艺作品具有传播思想、荡涤人心、引发共鸣的重要功能，有利于红色资源内涵的生动呈现，符合通过生活休闲、文化消费、体验参与等方式建立和强化认同的一般形式。例如，舞剧《永不消逝的电波》已在全国数十座城市上演，也带动上海李白烈士故居参观人次持续上升。杂技剧《战上海》、民族歌剧《义勇军进行曲》、话剧《向延安》、越剧《好八连》、沪剧《一号机密》、淮剧《火种》、木偶剧《报童之声》等优秀作品都针对不同受众在舞台和屏幕上对静态的红色资源进行生动的艺术再现。一些红色资源主体还开展了《寻找〈共产党宣言〉》《黎明破晓前》《归乡1955》等沉浸式剧本体验活动，借助红色资源在时空中的高密度集聚优势，在原真历史场景中勾画故事情节，充分调动观众的多感官具身体验，帮助他们形成了精神和心理环境层面的情感共鸣和信仰共识。

案例专栏 2-6：
"唯爱与信念永恒"——舞剧《永不消逝的电波》

舞剧《永不消逝的电波》是中国首部谍战主题的舞剧。故事发生在20世纪40年代末上海解放前夕，讲述了李侠和兰芬等几位中国共产党地下工作者与国民党特务斗智斗勇，传递情报，最终将国民党江防计划通过电报成功发往党中央的故事，李侠壮烈牺牲，而兰芬带着新生儿迎接上海解放。舞剧融合了情绪性舞蹈和情节性舞蹈，既有推动情节的功能性片段，如中共地下党员如何获得、传递、发送情报等，也有唯美的华彩段落，如展现上海弄堂生活的《渔光曲》片段。

2018 年 12 月 21 日，舞剧《永不消逝的电波》在上海国际舞蹈中心首演。截至 2024 年 11 月，该剧已巡演 600 余场，既叫好又叫座。先后斩获"文华奖"、"五个一工程"优秀作品奖和"白玉兰戏剧奖"。如今该剧采用了驻演与巡演相结合的演出模式，并向全国招募演员，已培育了 4 组主演，以更好地满足演出需求。

舞剧《永不消逝的电波》采用平实的人性视角来讲述故事，使红色主题创作更贴近观众，展现了高品质的戏剧构成、空间叙事和舞蹈语言，有效传递了革命精神，以及一种对生命与理性的价值追求——"唯爱与信念永恒"。2024 年 6 月，该剧被搬上了大荧幕，同名舞剧电影在全国公映。[1]

案例专栏 2-7：
以杂技语言演绎红色故事——杂技剧《战上海》

上海杂技团出品的杂技剧《战上海》于 2019 年首演，到 2024 年已在全国近 40 个城市进行展演、巡演及线上展演超 150 场，观看人数近 520 万人次，成为上海红色演艺作品的一个重要标签。

剧目摒弃了沉湎于战争的完整复杂叙事。全剧线条干练清晰，以连长江华为首的人民解放军战士，以恋人白兰为代表的上海地下党领导的社会贤达、工人和各界市民，和巴队长为主的国民党特务的三条线，在枪林弹雨的战场激烈冲杀和白色恐怖笼罩的都市地下斗争两个空间，交错有序推进。依据杂技节目独有的极具惊险性观赏性，形成

---

[1]《舞剧〈永不消逝的电波〉是如何诞生的？》，载澎湃新闻网，2019 年 11 月 25 日。

大块面的戏剧场景。全剧共分为九幕，分别为"血战外围""负隅顽抗""智取情报""暗巷逐斗""青春誓约""铁骨攻坚""雨夜飞渡""迎接黎明"以及尾声"丰碑"，讲述了中国共产党领导人民解放军，在上海地下党组织和人民群众协助下解放上海的英勇事迹，展现革命前辈追求理想、追求真理、追求光明的奋斗精神，用青春和热血奏响了一曲英雄主义赞歌。[1]

该剧运用杂技艺术传递红色文化的精神内涵。全剧汇集 20 个精品杂技节目，涵盖杂技、魔术、滑稽等表演样式，创新 9 种全新的表现形式，体现了杂技特有的惊险和充满张力的肢体语汇，剧中的"大跳板"是上海杂技团的招牌节目之一，曾获得杂技界的最高荣誉——蒙特卡洛国际马戏节金小丑奖。创编团队将大跳板融入了第一幕"血战外围"的场景中，战士们用一次次高空跳跃来表现传递炸药包与红旗的场景，体现出了战场的激烈程度，以及解放军战士们奋勇当先、舍生忘死的精神。同时，《战上海》还充分运用了多媒体技术融入剧情叙事，例如通过虚幻引擎技术将真实的战场环境呈现在舞台之上，并配合自动化的杂技道具，使表演能够达到裸眼 3D 的效果。

如今，《战上海》剧组也成为上海培养杂技人才队伍的重要平台。2023 年，上海市马戏学校有 6 名平均年龄只有 17 岁的"新战士"加入剧组集训，在《战上海》中首次亮相。2024 年，剧组又迎来了 3 名年轻的小战士，其中最小的只有 15 岁，上海杂技团与上海市马戏学校通过以老带新、言传身教等"传帮带"方式，让杂技剧这样一种全新的演剧形式能常演常新，也为杂技这门古老的艺术源源不断地注入新鲜血液。

---

[1] 毛卫华、聂楠：《〈战上海〉：以杂技语汇演绎红色故事》，载中国日报网，2024 年 10 月 17 日。

案例专栏 2-8：

"带得走的红色文化符号"——"一大文创"

2016 年，国务院办公厅发布《关于推动文化文物单位文化创意产品开发的若干意见》，中共一大纪念馆被国家文物局纳入全国文创试点单位，中共一大纪念馆事业发展部同步成立。彼时文创还是新兴产业，公益类事业单位应如何调配经费、设计产品、完成销售都是未知数。[1] 2019 年，国家文物局发布《博物馆馆藏资源著作权、商标权和品牌授权操作指引》，主要针对博物馆馆藏资源著作权、商标权和品牌涉及商业使用的授权进行指导，中共一大纪念馆对红色文创进行进一步主体联动和产品研发探索。2021 年，中共一大纪念馆为迎接建党百年推出了文创品牌"一大文创"，实体商店也正式营业。

2022 年，商务部、文化和旅游部、国家文物局联合印发《关于加强老字号与历史文化资源联动促进品牌消费的通知》，通知要求加强老字号与历史文化资源联动融合，积极推动中华优秀传统文化创造性转化、创新性发展。截至 2024 年，"一大文创"已与近 10 家知名老字号开展联名合作，推出一系列个性化、品质化、多样化的产品，多款产品实力"出圈"，碰撞出红色文化与经典国货的有效融合新路径。例如，与上海著名老字号品牌光明乳业、大白兔奶糖等合作开发出光明小红砖·草莓芝士味冰淇淋限定款、"新青年"雪糕、大白兔奶糖等产品。

"一大文创"形成了"党的诞生地——树德里"系列、"不忘初心"系列、"馆藏文物与专题展览"系列、"跨界联名合作"系列等四

---

[1] 方卓然、黄景源：《一大文创是如何把红色馆藏做火的》，载界面新闻网，2024 年 6 月 7 日。

大产品矩阵。2022 年，发布了首批 100 个馆藏文创元素，包括石库门手绘、"库宝""德妹"人偶形象等。2024 年 11 月，发布了第二批 100 个馆藏文创元素，包括兴业、新青年、作始也简、"树德有为""雾海明灯"以及幸福美满六大系列。截至 2023 年底，"一大文创"累计生产 756 个产品，在售 304 个产品，覆盖图书、邮品、文具、电子产品、体育用品、纺织工艺品、旅游纪念品、食品、美妆、数字藏品十大领域。[1] 此外，部分文创产品中还融合科技元素。例如，"树德里 1921"矿泉水可以通过扫描瓶身上二维码，观看有关"1921 年的树德里"视频，了解中共一大召开的背景。

"95 后"、文艺青年、在校大学生是"一大文创"的主要拥趸。2021 年，中共一大纪念馆的文创产品销售总额达到 3394 万元，名列全市第一。[2] 通过丰富且具创意的文创产品，中共一大纪念馆为公众打开了理解党史的一扇窗，搭建了建立情感连接的一座桥，让观众能够把感动留下，把纪念和回忆带回家。

（三）大力发展红色旅游

从 2021 年上海市文旅局推出 10 条红色旅游精品线路，到 2023 年推出 5 条城市"慢"步线路，再到 2024 年发布 3 条"上海地区党的隐蔽战线红色路线"，以及黄浦区与静安区的红色经典步道、虹口区"鲁迅小道"、杨浦区滨江秀带线等区级红色文旅线路，红色资源以主题牵引和载体串联的方式，由原本"单一资源"的呈现转向"多维资源 + 街区环境"的整体叙事，加速推进配套内容创新策划和文

---

[1] 方卓然、黄景源：《一大文创是如何把红色馆藏做火的》，载界面新闻网，2024 年 6 月 7 日。

[2] 孟歆迪：《2021 上海市博物馆年度报告出炉》，载光明网，2022 年 9 月 13 日。

化产品服务供给。上海还将进一步发挥现有红色资源名录中各主体的"溢出效应",推动更多中小型红色资源融入"15分钟社区生活圈",突出在地性特色,建成市民"家门口的好去处"。

同时,推进长三角地区红色资源联动发展,共建区域红色旅游精品。近年来,苏浙皖沪三省一市联合发布"长三角革命文物主题游径"TOP20;举办"东进之路"长三角红色旅游主题活动;连接嘉兴南湖等地红色资源,打造"开天辟地"红色文化旅游集群,推出Y701次"南湖·1921"红色旅游列车等。2024年长三角红色文化城市联盟在上海成立。区域红色资源发展布局正从共识走向共建共享的行动,以线路规划为主线,让人才、产品、服务等要素流动起来,将红色资源禀赋转化成长三角人文经济高质量发展的新动力。

案例专栏2-9:

重走建党之路——红色经典步道

2021年,上海市道路运输管理局联手黄浦区建交委,将党建与业务工作相融合,结合市委、市政府精细化管理工作要求,创新方式方法,加强资源整合,精心规划设计,以"四史"凝聚共识,抓住党史学习教育的有利契机,打造了崭新的路政品牌——"红色经典步道"。公众漫步在这条步道上,仿佛回到百年前的中国,探寻一个政党的初心和上海这座城市荣光。

红色经典步道黄浦段,以"历史的沉淀"和"未来的奋进"为主基调,呈"大环+小环"形态。概括为"7.1+7+14+13",即长度7.1千米步行道网络,涵盖14处景点,涉及13条道路,及扮演"隐形导游"协助导览的 7 个配套设计改造的街道元素（如路面铺装、人行导览系统等），精心打造"城市红色徒步名片"。将市政道路与红色旅游线路一体化打造，形成了一条历史、文化与周边环境相互交融的街道，更是一座浑然天成的"红色露天博物馆"。[1] 公众能够以中共一大会址为起点，轻松漫步到中国共产党发起组成立地（《新青年》编辑部旧址）、又新印刷所旧址等 14 处红色景点。黄浦区还专门打造了线上"红色经典步道 AR 导览平台"，推出了红色文化虚拟志愿者"爱琳"。公众可以在"爱琳"的带领下，穿越时空，了解建党故事。

2022 年，红色经典步道静安段与公众正式见面。全长 8.1 千米，以中共二大会址周边 13 条市政道路、3 座人行天桥作为载体，串联起中共二大会址纪念馆、平民女校、八路军驻沪办、茂名北路毛泽东旧居、1920 年毛泽东寓所旧址和刘长胜故居等 17 处红色景点。[2]

案例专栏 2-10：

鲁迅先生的最后十年——"鲁迅小道"

1927—1936 年，鲁迅在虹口区度过了生命中的最后十年，并留下了《拿来主义》《为了忘却的记念》等众多经典名篇。其间，先生积极参与左翼文化运动，筹备成立了左翼作家联盟，发起木刻版画运动，参加反战运动。1956 年，鲁迅墓迁建于鲁迅公园。

2019 年 10 月，虹口区委宣传部发布了近一千米的"鲁迅小道"，

---

[1] 《红色经典步道建设案例被评为上海基层思想政治工作优秀案例》，载上海市交通委员会网，2023 年 3 月 13 日。

[2] 张斌：《魔都步道上新！用脚步丈量秋日之美》，载文汇网，2022 年 10 月 31 日。

将虹口区与鲁迅相关的几处重要场所通过整合、租赁、置换、合作等方式完成空间串联，让公众在街区漫步中接触与鲁迅相关的空间场所，从而走近鲁迅，也进一步了解鲁迅与上海这座城市的关系。这几处场所包括景云里、中国左翼作家联盟成立大会会址纪念馆、多伦文化艺术空间、拉摩斯公寓、内山书店、大陆新村鲁迅故居。这条步道集中展现了鲁迅在上海的生活轨迹和日常活动。2021 年，鲁迅小道 2.0 版改造项目完工亮相，小道由原有的 900 余米拓展至 1600 余米，点位由 6 处扩展至 9 处，增加了鲁迅藏书室旧址、木刻讲习所、鲁迅墓碑和纪念馆等地。在线路规划的基础上，各场所也在积极探索，进行针对不同群体的内容设计。

案例专栏 2-11：

打造区域红色旅游品牌

"东进之路"长三角红色旅游主题活动

2021 年，沪苏浙皖文旅部门联合启动"东进之路"长三角红色旅游主题活动。首批发布 12 条长三角红色旅游精品线路中，既有都市旅游观光巴士串联起红色场馆的半日游线路，又有将优秀历史建筑和红色场馆串联起来的一日徒步"微旅游"线路，也有串联长三角红色旅游资源和绿色生态旅游资源的二日游和三日游，分别覆盖中共一大纪念馆、新四军驻上海办事处旧址、江苏盐城新四军纪念馆、浙江长兴新四军苏浙军区纪念馆、安徽云岭新四军军部旧址纪念馆等 10 多处长三角地区的红色场馆和景区。

"长三角革命文物主题游径"TOP20

2023 年，沪苏浙皖文旅部门联合发布"长三角革命文物主题游径"TOP20，包括 8 条跨省线路、12 条省内线路等。8 条跨省线路中既有串联三省一市与中国共产党诞生相关的重要旧址、纪念馆的"革命启航　开天辟地"线路；又有与抗战重要旧址遗址、纪念设施、纪念馆结合的"抗日战争　不屈军魂"线路；有串联三省一市与新四军革命活动有关的重要纪念馆、纪念设施、旧址遗址等的"重走革命路　致敬新四军"线路；也有涵盖改革开放主题重要见证地点、纪念馆的"改革开放　振兴中华"线路，还有"解放战争　伟大胜利"线路、"铭记历史　薪火相传"线路、"工人热血　众志成城"线路、"红色热土　牢记初心"线路等。

"南湖·1921"红色旅游列车

2021 年 6 月，新时代"重走一大路"暨"南湖·1921"红色旅游列车正式开通。2024 年 8 月，这趟编号为 Y701/Y702 次列车始发站延伸至杭州。该趟列车每天固定开行一次，8 时 53 分从上海西站出发驶向杭州，15 时 52 分从杭州站返程，单程 29.5 元，途经上海西、嘉善、嘉兴、海宁、杭州五站。

列车将两节车厢改造成红色主题功能车厢，设有"党史学习角""火车邮局"等功能区域。列车红色主题功能车厢推出了微党课、党史知识竞答、唱红歌等活动，并随机派发铁路文创产品、明信片等伴手礼，让旅客在旅途中感受浓厚的红色氛围。

（四）推进红色文化青少年传播

根据《2023 上海市博物馆年度报告》显示，当年全市博物馆接待观众中未成年观众已达到 687.5 万人次，占观众总量的 22.2%。[1]青少年群体已成为不可忽视的重要服务对象。2024 年 8 月，上海市委书记陈吉宁在调研红色文化传承弘扬工作时指出，要吸引更多市民游客特别是青少年走进红色场馆，寻访红色足迹，浸润滋养心灵。[2]

上海充分发挥红色资源的资源优势，深入推进"开门办思政"，加强"社会大课堂"与"思政小课堂"的融合，建构和完善"市—区—校"和"家—校—社"纵横协同机制。一方面，建立覆盖广泛、类型多样的学生社会实践基地。践行"课堂是可以搬家的"理念，让书本内容映射在现实环境中。上海通过建立两千余个学生社会实践基地，让实践育人"有地可去、有岗可选"。[3]另一方面，推动红色资源主体利用社会教育活动、流动展览、文化创意产品研发和多业态创新融合等方式积极参与到"大思政课"建设、"红色文化"进校园、红色研学等传播教育项目之中。

红色资源主体与学校、家庭、社会相关机构共同开发推行了一批青少年喜闻乐见的文化产品与服务，丰富了相关教育的内涵与外延。例如，2021 年 10 月，由中共一大纪念馆、上海市青少年学生校外活动联席会议办公室主办的"百物进百校，百讲证百年"活动启动。中共一大纪念馆还推出了"树德有为　雏鹰少年"红色思政教育进校课程服务项目[4]，利用学校课后服务时间和探究型、拓展型课程，将红

[1] 林馥榆：《一图读懂 | 〈2023 年上海市博物馆年度报告〉出炉　中共一大纪念馆成为最受欢迎的博物馆》，载央广网，2024 年 5 月 19 日。
[2] 张骏：《用心用情讲好红色故事、传承红色基因、赓续红色血脉！陈吉宁调研红色文化传承弘扬工作》，载上观新闻网，2024 年 8 月 19 日。
[3] 《聚焦立德树人根本任务，开创思政育人新格局 | 上海教育"十三五"大家谈》，载上海教育网，2021 年 1 月 7 日。
[4] 《中共一大纪念馆启动红色文化教育主题研学活动》，载光明网，2022 年 7 月 27 日。

色文化送入学校。2023 年，上海 10 余处红色资源联合策划了 15 节思政课程，打造"红课启航"红色场馆开学第一课。[1] 2024 年在"光荣之城"红色文化季举办期间，团市委会同市教卫工作党委、市委党史研究室和市文旅局共同推出"光荣之城　青年行"上海青少年红色大寻访活动，策划了"伟人在上海""大国重器的荣光""申城生长的足迹""匠心筑梦的传承""翻阅馆藏的记忆"等多条全新研学路线。多措并举，加强围绕红色资源展开青少年传播教育，强调多感官的实践体验和基于综合知识信息理解的情感共鸣，促使青少年把"爱国之情"转化为"报国之志"，"把自己的理想同祖国的前途、把自己的人生同民族的命运紧密联系在一起"。[2]

案例专栏 2-12：
"百物进百校，百讲证百年"活动

"百物进百校，百讲证百年"活动由中共一大纪念馆、上海市青少年学生校外活动联席会议办公室主办，在 2021 年 10 月启动。[3] 中共一大纪念馆在馆藏中精选了 100 件具有代表性的藏品。[4] 这些藏品展现了近代以来中国发生的重大事件和重要历史人物，以及人民生活

---

[1] 张倩：《传承弘扬红色文化　上海市革命场馆联盟成立》，载央视新闻网，2023 年 7 月 28 日。

[2] 习近平：《在北京大学师生座谈会上的讲话》，载新华网，2018 年 5 月 3 日。

[3] 屠瑜：《抗美援朝纪念日：英雄步枪"走进"上海中学　91 岁老兵讲述长津湖故事》，《新民晚报》2021 年 10 月 26 日。

[4] 章海燕、李书馨：《中共一大纪念馆第二批 50 件藏品正式发布》，载看看新闻网，2022 年 2 月 17 日。

发生的翻天覆地的变化，架构起中国共产党领导中国人民进行革命、建设和改革的伟大历程。上海的各幼儿园、小学、中学和高校都可以在中共一大纪念馆官网和微信公众号上的指定入口登录报名。中共一大纪念馆会从藏品出发，馆内工作人员结合实物展示，将藏品背后的红色文化故事带入学校，例如中共一大纪念馆宣教专员围绕 M1903 步枪为上海中学学生讲述了这件藏品原初功能、征集过程和保护利用情况，以及上海支前汽车驾驶员李增祥在抗美援朝战场上用这支步枪击落美军一架战机的故事。[1] 这节特殊的思政课还邀请了 91 岁高龄的百老讲师团讲师孙佑民讲述了他亲身经历过的抗美援朝战争。[2] 包括上海交通大学、上海体育学院、比乐中学、上海师范专科学校附属小学、徐汇区上海幼儿园在内的数十家上海中小学和高校都已参与到了这项活动之中，充分发挥中共一大纪念馆藏品的"活页教材"功能，结合各校针对相应藏品开展的主题教育活动，实现同频共振。

四、利用数字技术赋能红色文化传播

在上海大力推进红色资源保护利用的过程中，对红色资源数字化智慧化转型的关注度愈发提升，这是数字经济背景下对红色资源创新转化的时代要求。这一转型分为两个维度，其一是在红色资源的物理空间范围中利用数字技术加强日常管理和保护运维，并为公众提供更丰富有效的传播体验。越来越多的红色文化展览运用不同的交互手段和沉浸式设计，帮助公众置身红色文化的传播环境中，将所呈现

[1] 屠瑜：《抗美援朝纪念日：英雄步枪"走进"上海中学 91 岁老兵讲述长津湖故事》，《新民晚报》2021 年 10 月 26 日。

[2] 同上。

的客观社会历史背景和事件结构用特定的表达方式建构起"话语"体系。数字技术拓展了红色资源的物理空间，赋予实物展品间相互组合形成的空间形态和叙事逻辑的可能性，让展品能够更活化地嵌入展览设定的故事线中，充分树立语境化和组合化解读的优势，完成连续和深度阐释，强化公众的参与体验。其二是在虚拟空间和互联网中提供线上传播资源，实现数字化网络化传播。通过这一渠道，红色资源的传播更具多元性和跨界性。随着"十四五"期间上海大力推进文化大数据体系建设，红色资源与科技和数字化的融合会更趋于深度化和广泛化。两个维度的实践都已在上海红色资源的保护利用中被予以运用，不仅提升了红色资源运营管理效率及其公众传播的覆盖面和实际效果，以传承弘扬红色文化，同时也推动形成红色文化传播载体的制作、推广和消费一体化的产业链结构。

（一）数字技术助力红色资源保护和展陈升级

通过官网、社交媒体平台，以及虚拟现实技术、数字孪生技术、三维重建技术等，推进红色资源智慧化数字化保护利用，创设各具特色的差异性虚拟叙事空间，积极拓展数字教育资源供给。如中共四大纪念馆的"灵境·强国有我"VR系统，搭载红色文物资源三维展示软件，配备红色资源三维导览、信息解说、趣味任务等功能。越来越多的红色文化展览运用不同的交互手段和沉浸式设计，帮助公众置身红色文化的传播环境。加快红色资源与数字技术融合实现形态转化，利用虚拟现实技术和人工智能技术抢占红色文化传播新赛道。

数字技术提升了红色资源实体环境对公众的吸引力，除提供资源主体基本信息外，持续强化数字场景的互动体验、文化消费和个性化服务功能。根据红色资源实体环境和历史事件史实，开发红色手游网游。例如，《发现之旅　风起四大》《龙潭英雄》《破晓》等，利用信息形象化输出和用户自主选择的优势，通过数字虚拟场景和红色资源实体环境的交互，达到"以游带览"的目的。以数字技术为文创产品的传播助力，附着科技元素和体验元素。例如，"树德里1921"矿泉水可以通过扫描瓶身上二维码，播放视频，了解中共一大召开背景。就文创展示和销售空间而言，可基于上海市革命场馆联盟平台，举办文创市集。还可将文创实体商店和线上平台视为一类特殊展厅，形成主题引领下不同产品的陈列设计，展现产品设计理念和所含历史文化信息，加强文化承载力。

案例专栏 2-13：
上海宋庆龄故居数字运维管理系统

上海宋庆龄故居由前花园、主楼和后花园等部分组成，是上海市重点文物保护单位、全国重点文物保护单位、上海市爱国主义教育基地。为了更好地对故居修缮保护和运行维护进行日常监督和数据采集，整体建筑采用了三维激光扫描、720°全景漫游、建筑结构信息数字模型化及无人机实景建模等多项前沿技术。其中三维激光扫描技术能够真实准确地记录故居建筑的现状，为后续保护建筑修缮及维护管理提供技术资料，建立部分可移动文物电子模型档案。

BIM（建筑信息模型）建模技术按照建筑、结构图纸和场地实际情况建立模型，具有可视化性能佳（所见即所得）、模拟性能强（可模拟改造中阶段化的过程，真实描述建筑实时状态）、模型信息化（信息关联完整，为运维过程提供建构信息）、电子化图纸（便于图纸更新、存档、查阅、管理）等特点。BIM模型使零散的建构信息统一而完整地关联在一起，保证了建筑物运维阶段的信息完整性，使信息的获取、传递、利用更加高效。无人机实景模型技术具有真实、可量测（高精度）、完整的建筑模型等优势。对于文物建筑保护而言，三维实景建模是一种保存现状的最佳方式，能够根据实景模型完整地保存建筑外侧和庭院内物件的尺寸、纹理和颜色等信息。健康监测系统能够提供建筑物当前及历史状态信息，从而对于结构安全隐患及时预警和处理，做到防患于未然，最大程度地降低文物建筑损坏的风险；通过文物建筑的实时监测，为文物建筑的修缮、保护方案的制定提供可靠依据。

案例专栏 2-14：

"数字一大"服务矩阵

在 2024 年世界人工智能大会"智启文创，激发无限新质生产力"主题论坛上，中共一大纪念馆和上海报业集团共同发布了"数字一大——数字世界中的中国共产党人精神家园"服务矩阵，积极推动运用新科技手段守护好中国共产党根脉，弘扬好伟大建党精神。"数字一大"服务矩阵正式发布，聚焦数字展陈、数字体验、数字党建、数字藏品四个维度，打造"数字一大"APP、"数字一大"小程序 AR、"数字一大·初心之旅"大空间 VR、元宇宙实验室，以及一瓶水、一大屏、一数藏等产品[1]，用数智科技赋能红色文化传承。

其中，"数字一大"APP 展现了沉浸式数字展，中共一大会址、

---

[1] 许婧：《数字世界中的"中国共产党人的精神家园"亮相 2023 世界人工智能大会》，载中国新闻网，2023 年 7 月 6 日。

博文女校、周公馆三座不可移动文物保护建筑与 1920 年版《共产党宣言》等珍贵一级文物穿越时空，以数字孪生的方式呈现在数字世界中。拓展了革命文物展、红色艺术展、神秘会场"三会一课"等多种服务。

"数字一大"微信小程序，包含线下 AR 体验、轻量化展览交互及限量领取数字藏品等丰富体验。至 2024 年 11 月，小程序推出了"伟大飞跃——马克思主义中国化时代化文物史料专题展""艺术中的红——重大历史题材美术创作工程"两个数字展，通过任务引导、互动游戏等方式帮助用户清晰了解重要红色文化史料。另外，还可扫描新馆外墙上的"十二里"铭牌或中共一大纪念馆文创"一瓶水"，获得丰富文化体验，将虚拟场景与实体红色文化点位相结合。

"数字一大·初心之旅"是全国首个 LEB VR 红色文化沉浸式体验展，打破虚拟与现实的壁垒，突破时间与空间的限制，构建自由行进自主探索的观展形式。[1] 这一全新的红色文旅体验面向全社会，更以青少年喜闻乐见的方式讲述建党故事。2024 年 6 月 25 日，中共一大纪念馆还成立了新媒体与元宇宙实验室，重点探索红色元宇宙的"政馆产学研"、运营及商业模式，打造应用可复制、产品可推广、场景可体验的元宇宙实体空间。

（二）数字技术助力红色资源协同治理和业态融合升级

以红色文化为内容支撑的数字资源极大丰富了公众可及的内涵信息。上海已建成"红途""上海市红色资源名录检索与展示系统"等整合性资源平台，在现有知识性和服务性信息的基础上，将逐步完成资

---

[1]　许婧:《数字世界中的"中国共产党人的精神家园"亮相 2023 世界人工智能大会》，载中国新闻网，2023 年 7 月 6 日。

源主体空间资源、藏品资源和周边街区环境的高精度数据采集，予以结构化存储、周期性更新维护、专业化和普及化标注，全面打通到受众的"最后一公里"。例如，上海市红色资源名录检索与展示系统由上海市红色资源保护利用工作联席会议办公室牵头会同中共上海市委宣传部、中共上海市委党史研究室、上海市文化和旅游局、上海图书馆等部门共同建设，整合"红途"平台、上海图书馆、上海档案馆、中共一大纪念馆、上海市历史博物馆（上海革命历史博物馆）等 11 家场馆已有数据资源，提供统一检索和多维展示功能，覆盖《上海市红色资源名录（第一批）》。

案例专栏 2-15：

"红途"平台

2021 年，为庆祝中国共产党成立 100 周年，深入推进"党的诞生地"红色文化传承弘扬工程，中共上海市委宣传部联合中共中央宣传部宣传舆情研究中心和市各有关单位，在"学习强国""随申办"系统上建设上海红色文化资源信息应用平台"红途"。

"红途"平台包含九大板块内容。"光荣之城"板块以上海城市地图为基础，智能全景展示上海红色资源。"红途微视"板块以短视频的形式进行红色故事、红色文艺作品的创新展示。"城市阅读"板块通过在线系统集成发布一批红色主题寻访线路。"四史教育"板块集中汇聚精品课程、专题讲座、现场教学、主题展览、主题活动等学习资源。"建党百年"板块集中呈现上海市庆祝建党百年相关活动重点新闻报道。"场馆预约"板块打造本市红色文化场馆参观预约的一网通平台。

"场馆活动"板块在线汇聚本市红色文化场馆的展览展示、主题教育、专题讲座、特色活动。"红途讲师"板块打造本市红色文化讲师团队的培养、宣传、展示和推介平台。"海上文创"板块集中展示推介海派红色文创产品的创新成果。

通过红色场馆信息化集成、文旅活动智能化汇聚、工作成果数据化呈现等功能，实现红色文化资源"一网统管"、红色文化应用"一网通办"、红色文化载体"一站服务"、红色文化信息"一站共享"，开启了全市红色资源的展示利用、服务管理向科学化、精细化、智能化发展的新阶段。

截至 2023 年 6 月，"红途"平台汇聚了全市 379 家革命遗址、旧址和设施，171 家市级爱国主义教育基地，237 家新时代文明实践中心，累计推出全市精品展陈、讲座课程、学习线路、场馆活动等优质学习资源 6256 项，完成"三端两号"（学习强国端、随申办端、微信小程序端及微信公众号、"红途"视频号）功能矩阵搭建，平台实名注册用户达 611.54 万，点击量超 5.2 亿次。[1]

（三）数字技术助力红色育人升级

通过红色资源数字化智慧化建设，为红色文化育人提供"活教材"。由此进一步发挥了自身的资源优势，深入推进"开门办思政"，促进"社会大课堂"与"思政小课堂"的有效结合。按照思政课改革创新的总体要求，近年来上海不断将新思路、新方法运用在大中小学的思想政治教育之中，纵向衔接大中小幼各学段的教育工作，横向贯通校内校外各类资源，向实现铸魂育人的总体目标持续迈进。运用

---

[1] 潘敏、权衡主编：《上海市红色资源传承弘扬和保护利用蓝皮书（2021—2022）》，上海社会科学院出版社 2023 年版，第 188 页。

数字化手段，利用翻转课堂、线上线下混合教学、课堂虚拟现实体验等方式，推动红色资源以图像、声音、视频等多种形式在课堂教学中实现具体呈现，提升学生参与度，加深学生对相关知识信息的理解程度，充分调动学生学习思考的自主性，满足不同学段、不同爱好、不同专业学生的需求。借助大数据、虚拟现实等技术，教师能够带领学生对分布在各地的红色文献、文物、档案等进行整合。通过引入虚拟仿真、全息投影等新颖的数字化技术，构建融合多感官系统和行为系统的实践教学环境，使学生在课堂中能够体验到与现实世界高度仿真的数字化虚拟空间。

案例专栏 2-16：

华东理工大学"思政 V 课堂"

华东理工大学围绕数字化背景下思想政治理论课线上线下有效衔接的混合式教学进行新探索。2024 年，华东理工大学"大思政课"改革项目——"思政 V 课堂"链接城市思政资源，围绕上海建设"五个中心"重要使命的主题，组建了暑期社会实践团队，并聚焦上海建设国际经济中心、金融中心、贸易中心、航运中心、科技创新中心的重要使命组建了 5 支小分队寻访上海"五个中心"建设足迹。这项课程有 4100 多名本科新生参加。学校在大一和大二两个学年各设置 1 学分的思政课实践教学课程，这两个学分包含以 Vlog 视频形式记录实践过程，选题涵盖重走信仰之路、感悟发展成就、品味文化魅力、走进社会建设、见证绿色发展五大类。

"上海造币厂承载了历史的厚重，展现了金融与实业融合的力量。

通过实践学习，我感到作为商学院学生，不仅要掌握扎实的专业知识，更要有服务国家、服务社会的责任感和使命感。"参观了上海造币厂后，华东理工大学商学院 2023 级本科生郑欣雨说。她参加的是"金融中心"主题团队。团队在学校马克思主义学院教师带领下，走进上海邮政博物馆、上海造币博物馆参访。团队深入了解了我国银行业发展变革历程、中国货币制度变迁、中国造币技术发展过程等。[1]

"思政 V 课堂"链接了大思政资源，让"社会大课堂"的精彩故事促进"思政小课堂"的理论落地，有效提升了学生理论联系实际的能力。

---

[1]《华东理工大学"思政 V 课堂"解锁暑期实践新课题获媒体关注》，载华东理工大学新闻网，2024 年 9 月 3 日。

第三章

充分激发文化创新创造活力

上海作为中国最具活力和创新力的城市之一，文化资源丰富、产业链完整、市场广阔，具有打造文化创新高地的巨大潜力。近年来，上海在提升文化产品供给质量、优化文化产品供给结构方面取得了显著成就，在激发市民文化参与和文化创造的澎湃活力方面，贡献了上海方案和上海智慧。

一、以人民为中心的文化生产

党的二十届三中全会通过的《中共中央关于进一步全面深化改革　推进中国式现代化的决定》提出"优化文化服务和文化产品供给机制"。近年来，上海大力推进文化事业与文化产业协同发展，切实回应市民对美好生活的热切期盼，激发文化创新创造活力，为建设社会主义国际文化大都市注入不竭动力。

（一）创新驱动，提升文化产品供给质量

文化服务和文化产品是精神文明的内容载体，优质的内容是文化服务和文化产品的内核。优化文化服务和文化产品供给机制，首先要在源头做好优质文化内容生产，提升文化产品供给质量。上海坚持以人民为中心的创作导向，强调出成果和出人才相结合，确保文化产品既能满足人民需求，又能增强人民精神力量。大力推动文艺繁荣发展，鼓励创作生产出无愧于时代和人民的优秀作品，通过优质作品传

递积极向上的思想力量。近年来，上海出品的电视剧在题材、制作到市场影响力上实现了全面提升。2023 年，上海推出了《破晓东方》《人生之路》等优秀剧作，滕肖澜同名小说电视剧《城中之城》入选 2024年央视"大剧看总台"片单，孙甘露《千里江山图》、贾平凹《秦腔》等改编电视剧的创制也在稳步推进中。在第三十三届电视剧飞天奖评选中，上海出品的《在一起》《埃博拉前线》《功勋》等作品获得优秀电视剧奖。在第三十四届电视剧飞天奖评选中，上海出品的《繁花》《超越》等作品获得优秀电视剧奖。[1] 在提升内容创新能力方面，上海注重突出思想内涵，对接受众需求，发扬工匠精神，用好用足红色文化、海派文化、江南文化优质资源，推出了一批彰显时代特征、中国特色、上海特质的原创精品，打造对接受众需求、传递向善向上价值观的典范，不仅在艺术上追求卓越，更在思想上引领社会核心价值观，体现了上海文化产品的高质量供给。

上海在推进文化创意产业发展中，始终坚持以人民为中心的工作导向，不断推出高质量的文化产品和服务，满足人民日益增长的美好生活需要。2023 年，上海文化创意产业规模达到 2.34 万亿元，增速达 7%，支柱地位不断夯实。一批重点企业凸显示范引领效应，东方明珠新媒体、上影集团、玄霆娱乐、宽娱数码、黄豆网络、喜马拉雅等企业分别入选"2024·全国文化企业 30 强"和"2024·全国成长性文化企业 30 强"。[2]

近年来，上海深入贯彻习近平文化思想，持续推进"两中心、两之都、两高地"建设，即建设全球影视创制中心、国际重要艺术品交

---

[1]《〈繁花〉〈狂飙〉等 16 部剧获飞天奖优秀电视剧奖》，载澎湃新闻网，2024 年 9 月 21 日。
[2]《"全国文化企业 30 强"和"全国成长性文化企业 30 强"发布》，载新华网，2024 年 5 月 23 日。

易中心、亚洲演艺之都、全球电竞之都、网络文化产业高地、创意设计产业高地，取得了显著成效。2023 年，上海全市电影票房达 27.97 亿元，位列全国城市票房第一；2024 年以来，已有 10 部沪产电视剧、12 部沪产网络剧在央视、五大卫视和三大互联网平台播出，其中 8 部作品实现央视首播，数量创历史新高。亚洲演艺之都建设加速回暖。2023 年，上海共举办营业性演出超 4.5 万场，观众 2000 万人次，票房收入超 33 亿元，新一轮百家演艺新空间建设丰富了群众"观演好去处"。全球电竞之都建设稳步推进，网络文化产业高地建设提速增效。2023 年，上海电竞产业总收入达 236 亿元，赛事收入逾 60 亿元，全国占比超 50%。2023 年，上海网络游戏实现销售收入 1450 亿元，全国占比超三分之一，其中海外收入 36.2 亿美元；网络文学产业销售收入逾 100 亿元，拥有全国网络文学作家签约数近 90%；网络视听相关产业年销售收入逾 2200 亿元，平台用户约 5.1 亿，覆盖全国近一半网民。重大节展活动带动效应增强。第二十届中国国际数码互动娱乐展览会吸引观众 33.8 万人次；第二十五届上海国际电影节观影人次达 42.7 万，票房超 3600 万元；第二十二届中国上海国际艺术节场次规模增长超 20%，吸引观众超 600 万人次。2023 年世界设计之都大会线下参与人数超 13.8 万。第四届长三角文博会展会面积首超 10 万平方米，参展单位超 1500 家，吸引观众 15 万人次。2024 年上海国际咖啡文化节焕新升级，徐汇滨江主会场"五一"期间日均接待游客 10 万人次。第二届"文创上海"创新创业大赛报名参赛企业达 1098 家，较上届增长近 3 倍，外省市报名企业占 18.9%。[1]

上海文化产品供给质量提升，得益于创新驱动发展战略的实施。

---

[1]《回升向好！2023 年上海文化创意产业规模达 2.34 万亿元》，载澎湃新闻网，2024 年 5 月 30 日。

上海通过政策支持和资金投入，进一步丰富了文化产品供给。2023年，市级文创资金投入近3.3亿元，扶持项目983个，进一步向中小微文创企业和新型文创业态倾斜，通过"文金惠""文创接力贷"等渠道，成功为360家文创企业放款15.2亿元，同比增长11.8%。[1]上海加大对元宇宙、人工智能生成内容等数字文创领域的扶持力度，加强对市级设计创新中心、数智时代时尚消费领域的培育支持，重点扶持一批传播中华文化、塑造上海形象、推动文化出海的优秀项目，持续提升文化创意产业竞争力和影响力。

（二）需求导向，优化文化产品供给结构

文化是促进民生福祉的关键因素，文化产品供给要与人民群众的需求精准对接，满足市民的文化获得感和幸福感。近年来，上海在文化产品供给上始终坚持以人民为中心的工作导向，精准对接市民文化需求，通过精准的选题、表达和配送，增强了文化产品供给对市民需求变化的适应性和灵活性。

上海在公共文化服务方面进行供给侧结构性改革，持续优化文化产品供给结构，推动文化项目和资源在城市不同区域的均衡分布，多年实施以居民"点菜"、政府"买单"的形式配送公共文化产品和服务，满足市民的文化需求。特别是作为全国首创的公共文化服务产品采购平台，诞生于2017年的"浦东文采会"探索竞拍竞价机制，持续完善文化市场供需创新服务机制，引导市场实现对文化产品内容的引领和政府职能角色的转变，并逐步服务、融入"长三角"一体化建设，推进云上虚拟交互，不断完善"点单+配送+评价"体系，实现了向"政府端菜+群众点菜+群众做菜"的成功转型。多年来，有

---

[1]《"全国文化企业30强"和"全国成长性文化企业30强"发布》，载新华网，2024年5月23日。

上千家文化机构参展文采会并通过评审进入上海全市公共文化配送平台，为全国公共文化供给提供了"浦东样本""上海经验"，在拉开全国公共文化供给创新序幕的同时，以更主动的姿态、更有力的举措、更务实的行动，为长三角一体化发展主动牵好头、搭好台，形成了值得推广的实践经验，上海各项文化惠民活动也借此提升了影响力和竞争力，品牌溢出效应显著。上海持续做好市、区、街镇三级公共文化内容配送，并开始向郊区和五个新城倾斜。据统计，2023 年市、区两级配送文艺指导超过 7 万课时，文艺演出超 7800 场，特色活动、展览展示、艺术导赏等超 2 万场。[1] 上海通过"家门口的文化大餐"活动，将市级国有院团演出送到了市民家门口，如上海京剧院现代京剧《红色特工》亮相崇明区文化馆风瀛洲剧场，为当地百姓送上家门口的文化大餐。在近一个月的时间里，八家市级国有文艺院团和上海市群众艺术馆免费带来 20 场专场演出和 1 场"大地情深"上海优秀群众文艺作品巡演。上海市级重大品牌节展活动也纷纷走进五个新城。2023 年"城市美育日"主题活动以奉贤新城九棵树未来艺术中心为主会场；长三角文化和旅游公共服务产品采购大会走进嘉定新城；浦东川沙新镇、松江叶榭镇、嘉定华亭镇等被纳入 2023 年全国"四季村晚"示范展示点。

从市民需求出发，上海不仅为广大市民提供高品质的文化产品和服务，还积极搭建市民展示自我风貌的舞台，上海市民文化节便是代表性案例。2023 年是上海市民文化节成功举办的第十年。十年来，上海市民文化节开展各类活动 40 多万项，惠及近 2 亿人次，成为一个 365 天永不落幕的"平台"。2023 年上海市民文化节十周年庆典期间，

---

[1]《以高质量公共文化服务满足人民新期待》,《文汇报》2024 年 1 月 23 日。

通过精心策划的戏剧、音乐、舞蹈、美术、摄影等十大艺术类赛事，为市民提供了展示艺术风采和感受艺术魅力的平台。其中，市民舞蹈大赛吸引了 6000 余支市民舞团报名，少年儿童美术大赛的参与人数超过 18000 人，市民书法大赛收到参赛作品 21200 余件，家庭音乐会大赛吸引了全市各区 1100 多户家庭参加。[1] 2024 年上海市民文化节期间，群众文艺大汇演在云间会堂文化艺术中心的云间剧院举行，汇集了近年上海市民文化节各项赛事中涌现的优秀团队和优秀群文创作节目，以及"上海之春"国际音乐节主题优秀节目，展现了人民城市中市民群众和谐繁荣的生活图景。2024 年上海市民文化节还支持、培育了国际插画艺术季、数字艺术展示季、最美空间活动季、非遗国潮体验季等文商旅多要素融合项目，助力城市新消费；鼓励、支持了一批优质美育新项目，如收藏读书节、青少年打击乐音乐会工作坊、江南民歌创作孵化及市民普及项目等。在 2024 年"城市美育日"活动中，围绕"美育"主题，开展了覆盖全市各街镇千余项文化活动，包括美育集市、美育巴士、展览"邂逅大美育"等，让市民感受美育新项目、新体验。[2] 上海市民文化节不仅为市民提供了丰富的文化体验，还激发了市民的文化参与热情和创造力，使文化产品供给更加贴近市民的实际需求，同时也推动了上海文化的创新发展。

（三）激发活力，增强文化创新创造能力

习近平总书记强调，要充分激发全民族文化创新创造活力。文化的生命力源于创新创造，文化创新创造也是时代变迁、社会变革的先导。上海通过深化文化体制机制改革，优化文化服务和文化产品供给机制，充分激发文化创新创造活力。上海文化领域数字化转型深度实

---

[1]《市民文化节十周年 | 让市民感知艺术的美好》，载澎湃新闻网，2023 年 3 月 27 日。

[2]《助力社会大美育，2024 上海市民文化节将开启》，载澎湃新闻网，2024 年 3 月 27 日。

施，文化资源要素配置能力显著增强，文化市场体系日益健全，文化跨界融合发展不断深入，为文化创新创造提供了良好环境。

"十四五"期间，上海深入贯彻习近平文化思想，通过一系列创新性措施来进一步激发文化创新创造活力。上海构建多层次文化创意产业发展格局，实施文化创意产业领军企业培育计划，支持"腰部"文化创意企业向"专、精、特、新"方向发展，打造一批文化创意"小巨人"企业，支持小微文化创意企业发展，逐步形成"头部"企业带动、"腰部"企业支撑、小微企业创新的文化创意产业创新发展生态。在版权产业服务能力提升方面，上海围绕上海自贸试验区改革等国家战略部署，支持浦东新区建设国家版权创新发展基地，推动上海自贸试验区版权服务中心开展版权服务创新，探索版权工作赋能浦东新区高质量高水平发展新路径。优化产业发展营商环境，对文化创意领域新产业、新业态、新模式探索实施包容审慎监管，完善行政管理容错机制，优化文化创意领域发展环境。全面落实国家各项文化创意领域减税降费政策，健全"补、贷、投、保、担"联动机制，推动在全市设立文化创意金融服务工作站，鼓励有条件的各类资本创设文化创意产业投资基金。[1]

上海继续加快新型基础设施建设，夯实上海数智文旅信息基础设施，深化智慧景区管理平台建设，逐步建立景区、文旅场馆的智能物联网络；推动手机应用程序、微信小程序等移动互联网基础设施建设，完善文化领域数字经济生产要素。推动数字文创和元宇宙新赛道成为文创产业创新发展"核爆点"，继续支持文创企业在元宇宙、区块链、人工智能等新领域加快技术应用、场景搭建、内容开发、平台

---

[1]《上海市社会主义国际文化大都市建设"十四五"规划》，载上海市人民政府网，2021年9月2日。

构建和产业融合。建立重点文创企业服务机制，健全文创企业全生命周期服务体系，探索推进上海文化大数据中心等数字文创新基建建设。推动上海国际文物艺术品交易服务中心高效运行，探索制定文物拍卖信用分级分类管理办法。推动演艺大世界建设提质增效，吸引头部演艺机构落沪，打响驻场演出品牌。推动"无畏契约大师赛"、"CS：GO Major"（反恐精英世界锦标赛）等国际顶尖电竞赛事落沪，扶持原创电竞游戏知识产权开发。[1]

上海连续三轮开展打响"上海文化"品牌工作创新案例选编，征集案例近千个，选编典型案例300余个。案例涵盖红色资源传承弘扬、理论研究传播、城市精神品格弘扬、海派文化研究传承、媒体深度融合发展、文化文艺创作、文化节展活动等重点领域，充分展示了"上海文化"品牌建设坚持以人民为中心的发展思想、注重传承创新发展、培育文化新质生产力、吸引多元主体踊跃参与的生动实践。

激发全民族文化创新创造活力的过程，体现为推动中华优秀传统文化创造性转化、创新性发展的过程。上海博物馆的"何以中国""对话世界""百物看中国"展览品牌通过考古成果与文物，实证江南文化的精髓与特质，同步在海外举办"中国江南珍宝展"等，实现江南文化的国际传播，向世界展现了江南魅力。上海市政府新闻办推出的全国首个城市形象资源共享平台IP SHANGHAI（上海城市形象资源共享平台），汇聚数字资源上百万、专业创作者3万多人、入驻机构800多家，海外账号年触达5600万个，初步建成资源共享平台、内容共创平台和国际传播平台，打造数字世界的上海形象。[2]

---

[1]《上海加快培育文创新质生产力》，《解放日报》2024年5月31日。

[2]《中外摄影师主题共创"视觉橱窗"，邀您看见更美的上海》，载澎湃新闻网，2024年11月3日。

二、持续深化文化体制改革

党的十八大以来，上海率先基本建成现代公共文化服务体系，全力推进公共文化服务高质量发展；实施"一团一策"，深化国有文艺院团改革；国有文化企业集团的新一轮整合发展，加强优秀文化产品和服务供给；发挥政府、市场和社会的建设合力，形成文化发展多元主体；守护城市历史文脉，健全文化产业体系和市场体系，培育新型文化业态……回应人民对美好生活的更高期待，加快建设具有世界影响力的社会主义现代化国际大都市，进一步改革完善文化发展体制机制，推动上海城市文化高质量发展，焕发一座城、一城人的创新创造活力，全面提升城市软实力。

（一）打造新机制：以深化文艺院团改革提升文艺原创力

城市是生命体、有机体，城市文化艺术的繁荣，是城市的活力与灵魂。

精确到秒，用电影工业的模式"磨"作品，是上海歌舞团的风格。2023 年 1 月 23 日，上海歌舞团的两部作品《永不消逝的电波》和《朱鹮》，在美琪大戏院迎来驻场演出的第 100 场。这一天，也是《永不消逝的电波》第 400 场演出，创造了中国舞剧的奇迹。观众噙着泪击节："中国故事可信、英雄楷模可亲！"

一个院团佳作迭出，推一部、"红"一部，背后是体制机制、队伍建设等方方面面的支撑，是上海国有文艺院团深化"一团一策"改革成效的体现。

对于改革开放排头兵的上海来说，2015 年启动的"一团一策"改革，也在打响上海文化品牌三年行动计划中，展现出涉入"深水区"

的活力与韧劲：近年来，上海出品的《永不消逝的电波》《功勋》《大江大河》《千里江山图》等 21 部作品连续入选"五个一工程"奖；国家级出版奖项获得数量名列全国前茅；《长安三万里》《孤注一掷》等上海出品电影票房讨论均成现象级……"一团一策"的助力下，上海 18 家国有文艺院团成为建设亚洲演艺之都、繁荣国内文艺创作、推动中华文化"走出去"当之无愧的主力军。

敢于向陌生领域、重大题材攻坚在上海不是孤例。首批 39 个重点文艺创作项目中，上海昆剧团郑重交出《红色娘子军》的选题，上海越剧院集结全院力量完成《山海情深》，上海歌剧院《晨钟》精益求精，上海交响乐团以《中国颂》献礼中国共产党成立 100 周年，上海沪剧院和上海京剧院则分别在打磨《一号机密》和《北平无战事》的基础上，进一步加码《陈毅在上海》《龙潭英杰》的创排……可以说，上海国有文艺院团在贯彻落实深化改革"以演出为中心环节"的过程中，正在形成市场与创作的良性互动，并驾齐驱。

舞台艺术，戏和人相辅相成。有了《永不消逝的电波》这样的现象级佳作，主演获得业务锤炼与观众追捧也在情理之中。从市委宣传部到各院团均不满足于此，而是选择在体制机制上，将"一团一策"细化为"一人一策"精准培养，以职务序列改革提升待遇、通过常态化项目鼓励演职员孵化作品参与国内外节展赛评，为他们提供满满的获得感、激励他们的进取心，比如上海歌舞团、上海芭蕾舞团通过打破年龄、资历的"艺衔制"职务序列改革，一批新锐快速脱颖而出。

（二）塑造新动能：大力推进国有传媒企业系统性变革

习近平总书记指出，创新才能把握时代、引领时代。当前，上海正以当先锋、挑大梁为己任，努力探索文化改革创新之路，积极塑造新动能，大力推进上海报业集团、上海广播电视台系统性变革。

2024 年 9 月，上海广播电视台率先发布实施《解放思想　系统变革　追求卓越　全力打造更具国际影响力、技术创新力和产业竞争力的新型主流全媒体集团行动方案》。通过加强新一轮媒体改革的系统谋划和顶层设计，上海广播电视台明确"新闻立台、文化兴台、融合强台"的核心战略，布局"智能化、超清化、移动化"的主攻方向，用互联网思维主导媒体资源配置，大刀阔斧推进结构改革，重组新的融媒体中心，建强上海文广国际传播中心，打造第一财经全媒体集团，全面焕新东方卫视主频道，全新亮相看东方移动端主平台。2024 年 11 月，上海报业集团制定出台深入推进主流媒体系统性变革工作方案，以构建强大的媒体核心竞争力为目标，以构建适应全媒体生产传播评价体系为标尺，以构建适应市场需求的全媒体经营模式为基石，守正创新，先立后破。

回首上海广播电视台、上海报业集团的发展历程，改革是这两大国有传媒集团最鲜明的特征，他们应改革而生、因改革而兴，也曾经成就多项全国第一，一路走来，改革创新早已深深镌刻在上海广电报业事业发展的年轮中，成为能够引领风气之先的基因密码。面对新形势新要求新挑战，他们勇做全国媒体系统性变革的"探路人"，努力创新，将系统性创新性思维贯穿改革始终，将机制创新、技术创新、管理创新作为引领新一轮改革的动力。

系统性改革，就是要让主流媒体的影响力更广。主流媒体要立足各自定位加快提升核心竞争力，不断提升新闻舆论传播力、引导力、影响力、公信力，持续巩固壮大主流价值、主流舆论、主流文化。让优势更优、让特色更特，改革的目标，就是提升核心竞争力，把全部精力和资源投向最有价值的地方，集中力量做"头部"、做精品。通过改革淘汰一切形式的落后产能，把有限的资源精力聚焦到最重要的核心业务上来，突出服务主责主业，不再做那些可有可无的事情，杜绝同质化、内卷式竞争；所有的技术创新、形式创新，都要为主责主业服务，着眼提升媒体核心竞争力。通过改革，打造一批头部媒体平台，聚焦各自定位特色，进一步强化定位意识、特色意识，打造牢不可破的比较优势。

系统性变革，就是要刀刃向内自我革命。改革要树立明确的导向，这种导向不能只留在口头上，更要体现在媒体管理、考核、评价等一系列体制机制中，体现为向精品内容服务、向重点项目聚焦、向优秀人才倾斜的鲜明导向，为锻造核心竞争力提供坚强保障。构建适应全媒体生产传播的工作机制，进一步加强媒体融合转型的顶层设计，把握好"破"与"立"、"稳"与"进"等关系，发挥战略性引导、整体性赋能作用；进一步凸显主体作用，推动媒体形态、组织架构、管理流程、运行机制等要素全面、纵深"进化"。构建适应全媒体生产传播的评价体系，凸显头部定位、突出效果导向，及时优化调整媒体内部考核评价指标体系，切实向符合头部平台建设要求的产品倾斜，从传统端向新媒体倾斜。注重采用阅读量、转发量、评论数、点赞量等多维指标评价内容传播效果，通过下载量、日活跃用户数量、月活跃用户数量等数据客观科学地评估互联网平台影响力。加强对数据的分析研判和使用，形成"评价—改进—再评价"的良性闭环。构建适应市场需求的全媒体经营模式。要从传统广告变现模式，进一步向"新闻＋政务＋服务＋商务"的全案服务运营模式转变；注重新媒体品牌影响力实现社会效益与经济效益辩证统一的多元探索，增强自我造血机能，推动媒体长期可持续发展。

（三）培育新业态：加快发展新型文化产业

党的十八大以来，上海牢记习近平总书记的嘱托，紧紧锚定建设社会主义国际文化大都市战略目标，持续推进"两中心、两之都、两高地"建设，积极推动文化创意产业的发展，鼓励和支持原创作品和新兴业态的涌现，迭代升级上海书展、上海国际电影节、中国上海国际艺术节等文化盛事，深入开展网络空间文化培育创新，大力推进视听节目、动漫游戏、文化演艺、文博展览、文创剧本等文化出海战略，为城市的文化繁荣注入了新的动力。

为打造文化核心竞争力，上海深入推进文化领域供给侧结构性改革，优化文化产业结构布局，培育新型文化业态和消费模式；加大文化科技创新力度，推动文化与科技深度融合，让数智赋能文化，主动抢抓布局、疏通创新源头、强化体系支撑，全方位促进创新链、产业链、资金链、人才链深度融合，为文化产业高质量发展注入强劲动力。

上海出台"上海文化"品牌三年行动计划和"上海文创50条"等系列措施，不仅推动了出版、影视、演艺、艺术品、动漫游戏等传统产业稳步发展，还激励了一批新型文化企业快速"出圈"，网络文化传播与服务、资讯服务平台、内容孵化机构、数字创意营销等文化新领域新业态也竞相迸发市场活力。比如，上海企业米哈游出品的游戏《原神》深受海内外玩家喜爱。2022年1月，由上海京剧院国家一级演员杨扬演唱的《神女劈观·唤情》，在游戏中刚一发布便火爆出圈，让众多年轻人和海外玩家感受到中华传统文化的魅力。

近年来，以数字化、网络化、智能化为特征的上海文化新业态呈现高质量发展态势，以网游、网文、网剧为代表的网络文化承载着东方神韵，"出圈""出海"又"出彩"，"中式美学"风靡世界。官方数据显示，2023年，上海网络游戏实现销售收入1450亿元，全国占比超三分之一，其中海外收入36.2亿美元；电竞产业总收入达236亿元，赛事收入逾 60 亿元，全国占比超 50%；网络文学产业销售收入逾 100 亿元，拥有全国网络文学作家签约数近 90%；网络视听相关产业年销售收入逾 2200 亿元，平台用户约 5.1 亿，覆盖全国近一半网民。上海作为国内网络文化产业的龙头地位进一步稳固。上海本地企业从"网文强者"阅文、"游戏巨头"米哈游、"视频流量高手"B 站、"品质直播明星"小红书到"音频先锋"喜马拉雅，腾讯、网易、爱奇艺、字节跳动、快手、任天堂、索尼、育碧、艺电、动视暴雪等国内外行业巨头都在上海设立研发中心、运营中心、区域总部或分支机构，以中国国际数码互动娱乐展览会（ChinaJoy）为代表的行业展会参观人次屡创新高、全球影响力不断扩大。作为全国乃至世界文化产业核心枢纽的上海，网络文化产业基础好、集聚度高，头部企业数目多、实力强，产品品质好、影响广，人才总量大、原创力强，具有世界影响力的网络文化产业"上海高地"呼之欲出。上海网络文化产业持续高质量发展，离不开政府战略上重视，财政投入上支持，离不开文化体制机制革新带来的产业生态优化、法治化的营商环境。

"海纳百川、追求卓越、开明睿智、大气谦和"是习近平总书记对上海城市精神的精准提炼，也是上海文化建设一以贯之的不懈追求。当前，全市上下正锚定习近平文化思想最佳实践地的建设目标，进一步深化文化产业发展体制机制改革，大力发展文化新业态新消费新市场，推进文旅商体展一体化发展，形成更多新的增长点。

三、优质文化资源直达基层

公共文化服务体系建设的概念正式出现于 2005 年，但在 2002 年，上海市就积极贯彻全国基层文化工作会议精神，以百姓文化诉求为出发点，经过了一系列调研后，开始大力推动全市公共文化服务建设工作。2004年，上海市全面推进社区文化活动中心建设，解决了街道（乡镇）公共文化建设中长期存在条块分割、多头分散、低水平建设的弊病，实现了融文、教、科、体一体化建设、一站式服务。"十四五"以来，上海市又围绕深化公共文化服务高质量发展先行区建设的总目标，勇担使命，自加压力，持续创新，积极探索文化惠民提质增效的发展之路，《公共文化惠民工程三年行动计划（2023—2025年）》被列入市委民心工程。[1] 特别是2024年发布的《上海市建设习近平文化思想最佳实践地行动方案》，要求把建设习近平文化思想最佳实践地作为全局性战略任务抓紧抓好，并把打造具有世界影响力的上海文化品牌作为主攻方向。上海的精神气质正因文化惠民品牌的发育生长成熟而魅力倍增、容光焕发，上海高质量发展的现代公共文化服务体系正因文化惠民品牌的做大做强做实而效益倍增、韧性更强。

（一）打造新空间，优化城市文化设施空间布局

俄国作家果戈理说过："建筑同时还是世界的年鉴，当歌声和传说都已缄默的时候，而它还在说话。"近年来，伴随上海市档案馆新馆、上海天文馆（上海科技馆分馆）、上海少年儿童图书馆长风馆、上海图书馆东馆、上海博物馆东馆、中国近现代新闻出版博物馆、上海世界技能博物馆等一批重大地标性文化设施相继落成，上海大歌剧院主体工程基本完成，徐家汇书院、大零号湾文化艺术中心等区域文化新地标横空出世，浦东花木地区、浦西人民广场、浦西世博园区博物馆集群和西岸、东岸、外滩等美术馆集群持续打造，五个新城"环湖公共文化服务圈"初步浮现，以及全面提升特色、品质和效能的

---

[1]《让高品质文化服务"随处可见""触手可及" 上海2024年将打造100个儿童友好城市阅读新空间》，载今日头条网，2024年3月21日。

"基层公共文化设施更新提升工程"启动实施，上海全市公共文化设施体系不断夯实、优化。与此同时，从上海走向长三角再拓展到全国、以"美好生活"为主旨的公共文化空间创新大赛自 2018 年以来，影响力逐年攀升、不断扩大，引导全市乃至全国的公共文化服务新型空间向高品质方向提升，并推动公共文化新空间成为城乡发展、公共文化服务体系建设迈向更高质量阶段的重要标志。

截至 2024 年 3 月，上海市已集中打造的"邻里汇""城市书房""演艺新空间""休闲好去处"等家门口"小而美"的公共文化空间，共计 3440 处、约 85 万平方米，超过全国总数的 10%，成为广大市民的"文化加油站"和游客的"网红打卡点"；全市累计评选出 205 处"家门口的好去处"、100 家"上海演艺新空间"、首批 15 个"美术新空间"，并完成社区文化活动中心新一轮更新提升 63 个，建成新型农村电影放映示范点 14 个，文化艺术场馆教学实践基地规模扩大至 60 个[1]，这些均已成为全市四级公共文化设施网络的重要延伸和补充，拉近了公共文化产品供给与百姓实际需求之间的距离，推动了优质文化资源向纵深开放共享。一大批传递城市温度、充满文化活力的"网红打卡点"频频出圈，成为上海文旅实践的金字招牌，并以"多空间、多场景、多维度"的立体化呈现，赋能人民美好生活，聚力铸牢城市软实力的精神内核，助力上海打造中国入境旅游第一站。

围绕上海建设公共文化服务高质量发展先行区的目标，越来越多散落在街头巷尾、嵌入各种生活场景中的儿童友好城市阅读新空间、示范性农家书屋、新型农村电影放映示范点、艺术新空间、休闲好去处、城市书房、文化驿站等特色文化新空间建成，由政府主导、社会

---

[1]《以文化人 以文育人　上海公共文化建设图景正铺开》，载人民网，2024 年 3 月 21 日。

力量广泛参与、开放便捷、灵活多样，且已遍布全市社区园区、商圈楼宇、公园绿地、滨江水岸、景区景点、古镇乡村。机场艺术馆、艺术商圈、社区美术馆、地铁文化艺术长廊等项目也通过政企合作、共建共享等多种方式持续推进。依托"15分钟社区生活圈"，高品质的社区空间环境、触手可及的社区文化服务不断连接成圈，上海的城乡公共文化服务网络进一步织牢、织密，在彰显人民城市品质生活的同时，也回应了人民群众对美好生活的新需求，城市温度得以彰显。

（二）提升新服务，完善文化惠民优质资源供给

习近平总书记指出，人民对美好生活的向往就是我们的奋斗目标。为深入践行人民城市重要理念，上海坚持把最好资源留给人民，以优质供给服务人民。多年来，全市持续扩大公共文化场馆错时开放、延时开放比例，增加市级配送文艺演出额度，深化书香社会建设，持续推进"书香上海"建设，彰显城市底蕴。2023年，全市共推出113个"社会大美育"课堂，全市200余家专业文化艺术场馆机构"打开围墙"，开展艺术普及教育活动近8000场；"何以中国""对话世界""何谓海派"等文博美术大展系列成为现象级大展，提升美育体验，激活城市流量；深受年轻人喜爱的上海市民艺术夜校扩容升级，教学点位、课程、服务人次实现倍增；首次以"城市美育日"形式启动的上海市民文化节开启了新的精彩，推动大型品牌性文化节庆活动走进五个新城；全市9个涉农区开展"四季村晚"示范活动，"海上和美乡村村晚"、"风雅瀛洲　韵动江海"崇明生态岛惠民演出季等受到沪郊百姓欢迎。[1]高质量的公共文化生活，成为一种"很上海"的生活方式。高品质的公共文化供给，在全国形成了示范和引领。

---

[1]《以文化人以文育人　上海公共文化建设图景正铺开》，载人民网，2024年3月21日。

案例专栏 3-1：

市民文化节：打造人人出彩的人民节日

在上海众多的群众文化品牌活动项目中，市民文化节作为持续深耕十余年的群众文化大舞台，以赛事为载体，在为市民打造更广阔舞台的同时，也为公共文化服务提供了更多的发展新机遇、新空间。从根本上讲，市民文化节是公共文化供给侧的全新提升和变革。2024 年，市民文化节以"社会大美育计划"为指引，深耕"政府主导、社会参与、各方支持、群众受益"的办节机制，着力增强壮大市民文化节与城市公共空间、重大节展赛事连接融合的美育新矩阵，积极构建人人参与、人人共建、人人可享的城市美育共同体，不断创造"百个社区大展示、万支团队同竞技、社会各界齐参与、千万市民共分享"的新成果[1]，使市民成为城市文化真正的参与者、展示者、欣赏者、分享者，通过人人出彩的文化生活增强人民城市的精神力量，以多样丰富的内容供给推动公共文化服务高质量发展，最终推动"美育"在全市各个角落生根发芽。

案例专栏 3-2：

市民艺术夜校：创新高质量、多样化服务模式

近年来，开创文化馆规模化、体系化、规范化推进青年艺术夜校先河的"上海市民艺术夜校"持续"爆表"。2016 年，为主动应对、积

---

[1]《"城市美育日"如约而至，2024 上海市民文化节 3 月 30 日启幕》，载网易网，2024 年 3 月 29 日。

极回应新时代群众更加旺盛的精神文化需求、更加"挑剔"的优质文化品质追求，上海市群众艺术馆紧紧抓住夜间 7 点至 10 点这一群众充电最佳的"黄金 3 小时"，在时间、空间上均实现拓展。上海市民艺术夜校以市群艺馆为总校，联动各区设立分校、教学点，全年推出春、秋两季培训课程，课程内容涵盖音乐、舞蹈、书法、美术、茶道、烘焙、美妆、非遗、视频剪辑等多种类别。2023 年上海市民艺术夜校秋季课程开放选课时，高峰时有 65 万人在线抢课。[1] 2024 年 3 月，上海市民艺术夜校春季课程同时在线抢课人数峰值更是达到 73 万人，有 112 门课程 10 秒内被抢光。2024 年 4 月，遍布全市 16 个区的文化馆、美术馆、群艺馆，乃至企业园区、商圈楼宇等 250 个教学点、680 门课程，迎来 1.5 万名中青年学员[2]，切实提升了广大群众的获得感和满意度。

特别是在 2024 年春季，上海市群艺馆还与上海市人民政府新闻办共同策划打造了 10 个外籍班，招收来自德国、美国、法国、荷兰、加拿大、乌克兰、俄罗斯、日本等国的外籍学员，包括市群艺馆推出的针灸与经络外籍班（杨氏针灸）、华漕镇国际社区开设的"黑池"舞蹈课等课程，内容涉及沪语、书法、国画等，助力外籍人士感受中国文化。

案例专栏 3-3：
书香上海：推动阅读融入生活

上海坚持以促进人的全面发展为出发点，已全面建成"15 分钟

---

［1］李婷：《九千招生名额 65 万人在线"抢"，上海的年轻人为何喜欢上艺术夜校》，《文汇报》2023 年 9 月 12 日。

［2］钟菡：《73 万人同时在线抢课，市民艺术夜校 112 门课 10 秒内报满》，《解放日报》2024 年 3 月 8 日。

阅读服务圈"，"书香上海"品牌传播力、影响力和美誉度均居全国前列，"书香上海"作为提升城市文化软实力的重要举措，推动学习型城市建设迈上新台阶。[1]陆续出台的《关于进一步深化学习型城市建设的意见》《上海市公共图书馆条例》《上海市建设习近平文化思想最佳实践地行动方案》《上海市开展青少年学生读书行动实施方案》《关于上海扶持实体书店发展的实施意见》等文件共同构成了上海市推进书香城市建设的政策框架。

上海世纪出版集团作为出版领域的重要力量，在推动全民阅读、营造书香社会方面做了大量卓有成效的工作，将打造精品力作作为核心追求，着力培育具有鲜明标识度的世纪出版品牌，以"内容为核、场景创新、全域联动"为策略导向，通过机制创新、载体创新与服务创新，持续推动全民阅读活动向纵深发展。

各区、各部门因地制宜，积极推动市民"家门口"的"城市书房""新型阅读空间"的补点布局，截至2023年底，全市239家公共图书馆和412个实体书店等，为全市阅读服务网络提供了重要保障。"书香上海地图"、特色实体书店、"书香六进"系列阅读活动等，与每年8月的上海书展形成呼应，共同打造了上海的阅读文化风景线。据统计，2023年，上海市民数字阅读率达98.20%，超六成市民每日数字阅读时间半小时以上；综合阅读率达97.49%，人均年阅读量12.37本。[2]"书香上海"让阅读融入生活，让读书成为日常，并推动上海努力在建设物质文明和精神文明相协调的现代化上走在前列。

---

[1]《持续推进"书香上海"建设！龚正来到2024上海书展，与市民群众一同感受书香氛围》，载"上海发布"微信公众号，2024年8月15日。

[2]《2023年上海市民综合阅读率达97.49%　人均阅读超12本》，载中国新闻网，2024年4月21日。

案例专栏 3-4：

数智化转型：推动文化触手可及

上海积极贯彻落实国家关于"加快数字化发展，建设数字中国"战略，以数字化赋能公共文化服务体系建设，加大文化数字化转型力度，促进市民就近就便享受高品质公共文化服务。2016 年 3 月 26 日，"文化上海云"作为全国第一个实现省级区域全覆盖的互联网＋公共文化平台正式上线，全市 370 多家市级、区县、街道乡镇三级文化馆、图书馆、展览馆、美术馆、文化服务中心互联互通，信息发布、文化活动、场馆预定、旅游导览、美育"云课堂"等功能一应俱全，真正解决了市民参与公共文化活动、享受公共文化服务的"最后一公里"问题。在智慧应用场景方面，伴随数字化发展趋势，在原有东方社区信息苑基础上，2021 年底，全市首家东方社区信息苑数字化转型试点在东明路街道落地，此后，备受居民喜爱和欢迎的"沉浸式数字展厅、数字赏析体验厅、四级配送直播间"等应用服务场景走进居民"家门口"[1]，让广大市民真切感受到上海城市数字化转型所带来的美好生活。

（三）丰富新内涵，做好城市社会美育大文章

根据《上海市国民经济社会发展第十四个五年规划和二〇三五年远景目标纲要》，围绕"十四五"期间本市深化公共文化服务高质量发展先行区建设的总目标，上海文化惠民工作有了新的内涵：以习近平新时代中国特色社会主义思想为指导，以社会主义核心价值观为引

---

[1]《构筑家门口的数字生活新图景，全市首家东方社区信息苑数字化转型试点在浦东新区东明路街道落地》，载文汇网，2021 年 12 月 13 日。

领，坚持以人民为中心，坚持守正创新，深入贯彻习近平文化思想、习近平总书记考察上海重要讲话精神，深入践行"人民城市人民建、人民城市为人民"，以高质量、高水平发展为主线，在上海基本建成现代公共文化服务体系的基础上，以更高标准的服务体系建设、更高品质的设施空间打造、更高水平的文化资源配置、更高活跃度的社会多元参与、更高能级的智慧服务方式，科学构建上海高水平公共文化服务建设核心指标，进一步优化上海文化惠民的方式和内容、完善并夯实上海文化惠民服务阵地体系、打造以人民需求为核心的文化惠民服务品牌，在文化融入生活的同时，提升了广大市民发现美、表现美、享受美、创造美的能力，使人民群众享有更加充实、更为丰富、更高质量的精神文化生活，让上海这座城市更加美好。

为深入践行人民城市重要理念，上海坚持把最好资源留给人民，以优质供给服务人民。多年来，通过推出一批具有"烟火气"的精品展览、打造一批高品质的文博艺术教育活动，实现上海的博物馆、美术馆打开方式更富创意、更有底蕴、更具温度。[1]从2022年开始，为深入践行人民城市重要理念，上海市文化和旅游局启动实施"社会大美育"计划，持续将不同的专业艺术资源转化为社会美育资源，全力打造"全民、全龄、全域、全时"的公共文化服务新格局，通过打造"人人便参与、人人可体验、人人有收获"的社会大美育体系，不仅滋养了人们的美好生活，也提升了城市文化的凝聚力。2022年12月，在上海博物馆迎来建馆70周年之际，上海博物馆宣布推出"大博物馆计划"，着力构建"3+X"新发展格局，打造国内最大的博物馆"航母群"之一。即以人民广场馆、东馆、北馆为核心，在海内外设立若

---

[1]《形成一年一度文化消费热点，上海计划推出文博美术展览季》，载澎湃新闻网，2021年9月2日。

干分馆，打造具有世界影响力、具有中国特色、中国风格、中国气派的博物馆文化品牌。上海市文化和旅游局坚定追求卓越，坚守职责使命，坚持为民情怀，创新实施了"大美术馆计划"，在市文旅局指导下，以中华艺术宫为核心的上海"大美术馆计划"，正朝着增强上海美术资源配置能力、开创上海美术大格局的目标阔步前行。通过实施"大博物馆计划""大美术馆计划""社会大美育计划"，办好上海市民艺术夜校，推动更多文博、美术、演艺专业机构打开"围墙"，各大文化艺术专业场馆、机构积极创造机会让艺术触达更广泛的人群，比如西岸美术馆专门为 60 岁以上年长者开设专场导览；中华艺术宫邀请在校学生分批来上"美术馆现场教学课"；上海博物馆面向听力、智力障碍群体开展美育活动，让他们也可以拥抱艺术……满足不同年龄、背景、兴趣的人群需求的各种量身定制的美育形式，让更多市民走得进场馆、看得见艺术，并用观众听得懂的语言、看得懂的作品，拉近了文化艺术和观众的距离。在邀请市民走进来的同时，不少文化艺术专业场馆还积极发挥其社会美育的能动性，主动走出去，将美育送到社区、学校、商务楼宇、公共空间等，打造"无界"课堂，缩短了市民与高品质文化艺术的物理与心理距离，城市美育大文章不断做优，整座城市逐步与美同行，文化自信自强的上海样本正在奋力打造。

第四章

打造具有世界影响力的上海文化品牌

"文化是城市的灵魂"，文化软实力已成为衡量一个城市乃至国家综合实力的重要标志，文化品牌是城市形象和文化软实力的重要体现。上海作为中国的经济、金融、贸易、航运和科技创新中心，正加快建成具有世界影响力的社会主义现代化国际大都市。打造具有世界影响力的文化品牌，有助于提升上海在全球城市体系中的地位和影响力。

一、打造上海文化品牌的重大意义

上海打造具有世界影响力的文化品牌，是提升城市形象和美誉度、增强城市软实力的重要途径。打造具有世界影响力的文化品牌，是增强文化标识度的重要手段，一大批具有全球影响力的文化品牌，能够使世界对上海的文化特色有深刻认知，增强城市的国际知名度。

（一）提升城市形象和美誉度

全面提升城市软实力，需要打造具有全球影响力的文化品牌，上海正是通过展示深厚的文化底蕴和创新的文化活力，增强了城市的吸引力，从而提升了上海在全球城市中的地位。文化品牌建设也有利于丰富城市文化内涵，挖掘和传承上海的历史文化精髓，不仅提升了市民的文化认同感，也吸引了更多文化爱好者和游客前来体验。文化品牌建设也是促进文化产业繁荣的必要途径，文化品牌能够带动相关文化产业的发展，有助于提升城市的经济实力，也为城市文化的持续发展提供了有力支撑。

在上海这座充满历史与现代交织魅力的城市中，"Citywalk"（城市漫步）与"建筑可阅读"成了探索这座城市独特韵味的两大亮点。其中，Citywalk在上海得到了全新的诠释和发展。它不仅仅是一种简单的行走方式，更是一种深度体验城市文化、历史与现状的独特方式。在上海的Citywalk，游客可以跟随专业的向导或自行探索，穿梭于繁华的街巷与静谧的小道之间，感受这座城市独有的节奏与气息。无论是漫步在外滩欣赏黄浦江两岸的壮丽景色，还是穿梭在老弄堂里感受上海的历史变迁，Citywalk都能让人在轻松愉悦的氛围中深入了解上海的魅力。

"建筑可阅读"作为上海独有的城市文化品牌，其深远的意义不仅体现在对城市历史建筑的保护和推广上，更在于它作为海派文化的重要载体，对传承、弘扬和发展海派文化所起的积极作用。"建筑可阅读"旨在通过推广和保护上海的历史建筑，让市民和游客在欣赏建筑之美的同时，深入了解上海的历史文化。这一项目将上海的历史建筑进行了系统的梳理和分类，通过数字化手段为每一座建筑制作了详细的介绍和解读，让游客可以通过手机扫描二维码等方式轻松获取建筑的历史背景、设计风格、文化内涵等信息。同时，"建筑可阅读"项目还结合Citywalk等旅游方式，推出了多条以历史建筑为主题的旅游线路，让游客在行走中感受上海的历史变迁和文化传承。"建筑可阅读"是上海历史文化的生动展现，"建筑可阅读"与Citywalk等旅游方式的结合，为游客提供了更加丰富的文化体验，进一步推动了海派文化的交流与传播。

每一座历史建筑都是上海城市发展的见证者，它们承载着丰富的历史信息和文化内涵，通过"建筑可阅读"项目，市民和游客能够直观地感受到上海的历史变迁和文化脉络，增强人们对海派文化的认知和认同感，从而推动海派文化的传承和发展。随着数字化手段的广泛应用，"建筑可阅读"项目已经实现了线上线下的全方位覆盖，这种便捷的传播方式极大地拓宽了海派文化的传播渠道，增强了城市的凝聚力和向心力。"建筑可阅读"为海派文化的创新发展提供了新思路。在保护和传承历史建筑的同时，"建筑可阅读"项目也在积极探索如何将历史建筑与现代生活相结合，这种创新性的尝试，也为其他城市的文化传承与创新提供了有益的借鉴和启示。

在上海的 Citywalk 中，游客可以深刻感受到"建筑可阅读"的魅力。行走在上海的大街小巷，品味建筑与街巷背后的历史文化，经由"建筑可阅读"来探索这座城市的独特韵味，让游客在行走中感受上海的历史变迁和文化传承，无论是对于本地市民还是外地游客来说，这都是一次难忘的文化之旅——每一座历史建筑都承载着上海的城市记忆和文化底蕴。当 Citywalk 与"建筑可阅读"结合，这种文化的深度挖掘和广泛传播，将进一步丰富上海的城市内涵，提升其文化软实力。

在打造具有世界影响力的文化品牌的过程中，上海进一步塑造了独特的城市形象，展现了城市的魅力与活力，从而有效打开了城市的知名度和美誉度，提升了上海的文化软实力和国际影响力。

（二）促进经济社会协同发展

上海在打造具有世界影响力的文化品牌的过程中，注重文化产业与其他产业的融合发展，推动了经济结构的优化升级。同时，通过国际化传播吸引了更多的国际关注和投资，为上海的经济社会发展注入了新的动力。

打造具有世界影响力的城市文化品牌，有助于推动文化创意产业高质量发展。文化品牌是吸引产业集聚的重要抓手，上海通过打造具有世界影响力的文化品牌，吸引大量的文化创意企业、人才和资本集聚上海，而这些资源的集聚，也将为上海文化创意产业的发展提供强大的动力和支持。上海的文化创意产业在品牌效应的带动下，通过技术创新和模式创新，将不断向高端化、智能化、绿色化方向发展，有利于促进文化相关产业升级，从而实现上海的文化创意产业的升级和转型发展，提升经济的整体竞争力和可持续发展能力。通过打造具有世界影响力的文化品牌，有助于延伸并拓展产业链。文化品牌涵盖了创意设计、影视制作、演艺娱乐、艺术品交易等多个领域，其产业链的拓展，将为上海的文化创意产业带来更多的商业机会和增长空间。

打造具有世界影响力的城市文化品牌，有助于增强经济活力，带动相关产业协同发展。在文旅融合的背景下，文化品牌将成为促进旅游业发展的重要契机。随着上海文化品牌吸引了大量的国内外游客前来参观游览，文旅融合发展便能推动文化品牌效应与旅游经济效益的双赢。与此同时，上海的文化品牌成为上海商业发展的重要驱动力，相关品牌活动吸引了大量的观众和参与者，带动周边的商业繁荣，为上海的经济增长作出了贡献。文化品牌同样关乎科技创新。在打造具有世界影响力的文化品牌的过程中，上海注重科技创新的应用和推广，通过科技赋能新质生产力，上海的文化创意产业在数字化转型和智能化升级的背景下，定将提升整体产业的核心竞争力。在这个意义上，上海通过打造具有世界影响力的文化品牌，一方面激发市场的活力，另一方面，文化品牌也成为推动上海经济高质量发展的重要引擎，为上海的经济增长注入新的动力。

在这方面，演艺大世界（SHOW LIFE）就是一个典型的文化品牌案例。演艺大世界是以上海市黄浦区人民广场为核心区域，辐射整个黄浦区乃至上海市中心城区的演艺集聚和产业发展区，该集聚区集中了众多优秀的演艺资源和设施，为观众提供了高品质的演艺体验。

20 世纪初，上海剧场云集、剧种荟萃、名角辈出、中西交融，一时间领全国风气之先，被誉为中国南方最大的"戏码头"，更成为近代中国戏剧和演艺的发源地。如今，新时代的演艺大世界在此逐步成型。上海市委、市政府提出要在历史传承基础上，加快推进环人民广场演艺集聚区建设，经全球征名后定名为"演艺大世界"，对标全球最知名的两大演艺集聚区：纽约百老汇和伦敦西区。经过多年持续努力，"演艺大世界"以上海全市五分之一的剧场数和三分之一的座位数，贡献了二分之一的演出量，人民广场周边 1.5 平方千米范围内的核心区已成为全国规模最大、密度最高的剧场群。

"演艺大世界"充分融合了多元文化特质，为观众带来丰富多彩的演艺体验。这里吸引了众多国内外知名艺术家和演出团体，经常举办各类首演、首秀活动，成为国内外演艺界交流的重要平台，为观众奉献了众多高水平的演出。如今，演艺大世界已经成为上海乃至全国知名的演艺品牌，吸引了大量观众前来观看演出，引入国际化传播思维，通过国际平台展示上海文化的独特魅力，提升了上海在国际舞台上的文化影响力。"演艺大世界"荣获了包括"上海十大文化品牌"称号在内的多项荣誉和奖项，这些荣誉是对演艺大世界品牌价值的认可，也为其未来的发展提供了有力支持。

时至今日，"演艺大世界"已然成为推动文化和旅游产业的融合发展的重要标杆，有效重塑了文化旅游产业融合发展的新模式。在"演艺大世界"所在剧场集群区，通过将演艺场所纳入"夜间经济"总体规划，培育雅俗共赏、老少皆宜的夜间演艺项目，鼓励演艺与商旅融合，发展文创特色餐饮、酒吧、书店等新兴文化消费业态，打造了上海的观剧消费新 IP 和文化生活打卡地。这些举措丰富了上海的旅游文化内涵，提升了游客的旅游体验，进一步推动了上海文化旅游产业的集合发展。例如，游客可以在演艺大世界欣赏到精彩的演出后，再到周边的文创特色餐饮、酒吧等场所消费，享受一站式的购物和娱乐体验。

总体上，"演艺大世界"坚持以人民为中心的发展理念，通过推出文化惠民举措、创新多样演艺业态、采用新兴宣传方式等措施，满足人民对美好生活的追求和向往。例如，探索更合理的票价机制，以政府补贴、企业赞助、公益捐赠等提供票价优惠，让人民群众"进得了剧场、看得起演出"；支持剧场专业化、特色化发展，呈现一批深受观众喜爱的经典剧目；借助抖音、小红书等新兴方式扩大品牌传播力和影响力等。这些举措不仅提升了"演艺大世界"的品牌知名度和影响力，还增强了人民群众的文化获得感和幸福感。

围绕打造"亚洲演艺之都"核心示范区目标，"演艺大世界"持续充分发挥全国密度最高剧场群的集群优势，积极拓展"演艺新空间"，推动形成以主题演出季和经典驻场演出为核心、以新空间沉浸式演出为侧翼的剧场空间"2+1"模式。通过这些努力，演艺大世界不断提升自身的品牌影响力和竞争力，为观众带来更多高质量的演艺体验。

（三）增强市民认同感和自豪感

在打造具有世界影响力的文化品牌的过程中，上海深入挖掘和展示了"三种文化"的独特魅力，激发了市民的文化认同感和自豪感。这种文化认同感和自豪感的增强，不仅有助于推动文化的传承与创新发展，还为上海社会主义国际文化大都市的建设提供了强大的精神动力。

一个具有世界影响力的文化品牌，往往代表着城市或地区的独特文化和精神内涵。这样的品牌能够吸引全球的关注和赞誉，从而提升城市的国际知名度和形象。文化品牌也是城市文化的集中体现,它承载着城市的历史、传统和价值观。上海拥有大量重要的红色文化遗址和革命场馆,这些场馆经过品牌化运营,使红色文化的根脉精神,深刻烙印在这座城市的血液中。上海也是江南文化和海派文化的集聚地,通过挖掘城市历史文脉、传承城市的优秀传统文化遗产,可以更好地培养市民对城市的归属感。

文化品牌是城市或地区文化的象征,它代表着该地区的独特性和历史传承。通过文化品牌,市民能够清晰地认识到自己所在地区的文化特色和文化价值,从而增强文化认同感和归属感。文化品牌具有强大的传播效应,它能够跨越地域和文化的界限,将城市或地区的文化特色传播到世界各地。当文化品牌在国际上获得认可和赞誉时,市民会因此感到自豪和骄傲,这种自豪感源于对家乡文化的认同和尊重。同时,文化品牌的传播也能够吸引更多的游客和投资者,促进城市或地区的经济发展和文化交流。

文化品牌能够凝聚市民的共识和力量,使大家共同为城市或地区的文化发展贡献力量。通过参与文化品牌的建设和推广,市民能够更加深入地了解和认同城市文化,形成共同的文化价值观和文化认同。这种凝聚力不仅能够促进城市或地区的文化繁荣,还能够增强市民的归属感和幸福感。文化品牌的打造需要不断的创新和提升,这能够激发市民的文化创造力和创新精神。通过参与文化品牌的创意设计和文化活动,市民能够发挥自己的想象力和创造力,为城市或地区的文化发展注入新的活力和元素。这种创新动力不仅能够推动文化品牌的持续发展,还能够增强市民对城市文化的认同感和自豪感。这种情感纽带能够促进市民与城市或地区之间的紧密联系,为城市或地区的文化发展提供源源不断的动力和支持。

案例专栏 4-1：

上海豫园

"山海璀璨如梦似幻，千灯琳琅繁花一片。"豫园灯会是 2024 年最先出圈的上海文化品牌之一。作为上海久负盛名的江南文化品牌，豫园新春民俗庙会和豫园灯会具有深厚的历史文化底蕴和独特的民俗风情。自 1995 年首次举办以来，豫园新春民俗庙会已成为上海市民的重要游玩活动，豫园灯会更被列入国家级非物质文化遗产名录。

上海豫园新春民俗庙会通常在农历新年期间举行，包括开幕式、老上海风情展演、评弹说唱、茶道表演、小动物表演、民间艺人表演等各种丰富多彩的活动，吸引了大量游客前来观赏和参与。豫园灯会的历史可以追溯到明清时期，当时上海地区的元宵灯会主要集中在城隍庙、豫园一带，经过多年的发展，豫园灯会已成为上海元宵节期间知名度最高、影响力最大的一项文化活动。

近年来，豫园灯会在继承传统的基础上，创新性地融合优秀传统文化和现代科技手段，以中国传统神话、历史故事、文学和民间传说人物等为题材，结合现代科技手段，用美轮美奂的彩灯景观，成功搭建出一个个极具东方生活美学理念的灯火场景，深受市民和游客的喜爱。例如，近年来豫园灯会以《山海经》为蓝本，创作了众多奇幻瑰丽的灯组，为游客带来了沉浸式的视觉体验；引入盲盒、投影等现代元素，使传统灯会更加时尚和有趣；同时通过线上线下互动的方式，让更多人能够参与到灯会中来。

"星月当空万烛烧，人间天上两元宵。"中华古诗词里就有不少描写元宵灯会的佳句。到了明清时期，上海县县治所在地的城隍庙、豫园一带，以及松江、嘉定、青浦等地都有渐成规模的元宵灯市，其中豫园逐渐成为上海最繁华热闹的文化场所之一。光绪元年（1875年），王韬在《瀛壖杂志》中描写当年豫园灯会的盛况："城隍庙内园，以及萃秀、点春诸胜处……上元之夕，罗绮成群，管弦如沸，火树银花，异常璀璨。园中茗察重敞，游人毕集……远近亭台，灯火多于繁星。爆竹之声，累累如贯珠不绝，借以争奇角胜。"在漫长的历史与社会变迁中，城隍庙元宵灯会的习俗始终在延续。19世纪中叶，上海因开埠而被推入近现代都市化的潮流中，也让上海本乡本土，特别是老城厢的岁时节令习俗呈现出开放兼容、趋新善变的特征。此后，城隍庙元宵灯会时断时续，但仍寄托着中国人对于佳节的美好期许。[1]

　　豫园新春民俗庙会和豫园灯会都承载着丰富的历史文化底蕴，都包含了丰富多彩的民俗表演和文化展示，为游客提供了多元化的文化体验，也是上海市民和游客了解江南文化的重要窗口。这些位于豫园的民俗活动，在保持传统特色的基础上，不断创新和发展，使传统节庆焕发出新的光彩。这种创新能力吸引了更多年轻游客的关注，也为豫园灯会作为江南文化品牌的持续发展提供了动力。豫园灯会曾多次获得国内外媒体的广泛报道，通过文化出海等方式，向世界展示了中华优秀传统文化的魅力。

　　由此可见，上海豫园新春民俗庙会及豫园灯会凭借其深厚的历史文化底蕴、丰富的活动内容、广泛的影响力和强大的创新能力，已打造为上海知名的江南文化品牌。

---

[1]《豫园灯会三十年｜跨越时空的灯火，"汇聚"在这里发光发热》，载澎湃新闻网，2024年12月25日。

案例专栏 4-2：

上海博物馆

上海博物馆依托自身文博资源优势，近些年通过提升展陈质量、举办主题展览和讲座，主动挖掘江南文化资源、用考古实证上海地域文明历史。同时广邀国内外博物馆研究人员和各大高校著名学者为主讲人，探寻文物背后的历史和文化内涵，由此致力突破博物馆展厅的界限，打造社会的大型课堂、城市的文化窗口，将江南文化的精髓展现给世人，由此将上海博物馆打造成高质量的江南文化品牌。

上海博物馆作为中国古代艺术品收藏重镇，多年以来始终以传承中华优秀文化为目标，发掘馆藏文物优势，服务上海城市战略乃至国家战略，举办过数十场与江南文化和上海文化相关的特展。特展采用"主题性"的展览形式，打破了传统展览按时间顺序与材质分类的脉络，引领观众探求文物的价值，为观众带来沉浸式的观展体验。在展示文物本身的同时，特展还通过详细的解读和说明，让观众更加深入地了解中华优秀传统文化的历史渊源、发展脉络和独特魅力，为上海文化的国际传播和交流提供了重要平台。上海博物馆"大博物馆计划"作为上海文化发展的重要组成部分，立足上海博物馆的历史积淀与新时代文化发展需求，构建"3+X"新发展格局，以人民广场馆、东馆、北馆为核心，在海外设立若干分馆。这一计划致力于打造具有世界影响力，彰显中国特色、中国风格、中国气派的博物馆文化品牌，通过丰富多样的展览与文化活动，实现文化的传承、交流与创新，为观众提供多元化的文化体验，为推动中华优秀传统文化的创造性转化与创新性发展、增强中华文明的国际传播力与影响力贡献力量。

二、打造文化品牌的上海实践

上海建设社会主义国际文化大都市，肩负着传承和弘扬中华优秀传统文化、展现中国式现代化成就的重要使命。建设习近平文化思想最佳实践地，开创社会主义国际文化大都市建设新篇章，上海需要打造一批具有全球影响力的文化品牌。

（一）上海文化品牌的使命与意义

打造具有世界影响力的上海文化品牌，是提升文化软实力和国际影响力的必由之路。习近平总书记强调，"文化是城市的灵魂"。文化软实力越来越成为一个国家、一座城市综合实力的重要标识。通过打造具有全球影响力的文化品牌，通过上海展现中华文化的魅力和创新活力，促进中外文明交流互鉴，有利于全面提升上海在全球城市体系中的竞争力和影响力，更好地提升上海在国际舞台上的文化地位。

打造具有世界影响力的上海文化品牌，是推动文化事业和产业繁荣发展的有力抓手。文化品牌是文化事业和文化产业发展的重要支撑。上海通过打造具有全球影响力的文化品牌，可以吸引更多的文化资源和优秀人才集聚，推动文化创意产业、演艺产业、艺术品交易等相关产业的快速发展。同时，文化品牌的成功打造也能够激发文化创新创造活力，促进文化产业的转型升级和高质量发展。

打造具有世界影响力的上海文化品牌，目标指向满足人民日益增长的精神文化需求。随着经济社会的发展和人民生活水平的提高，人们对精神文化的需求日益增长，并呈现出品质化、多元化、个性化的特点。上海通过打造具有全球影响力的文化品牌，可以推出更多高质量的文化产品和服务，满足人民对美好生活的向往和追求，全面增强市民的归属感和幸福感。

打造具有世界影响力的上海文化品牌，可以更好地传承和弘扬中华优秀传统文化。上海是一座历史悠久、文化底蕴深厚的城市，拥有丰富的红色文化、海派文化、江南文化资源。打造具有全球影响力的文化品牌，可以使上海更好地挖掘和整合这些文化资源，推动中华优秀传统文化的创造性转化和创新性发展。这些文化品牌的成功打造，也能够增强市民对中华文化的认同感和自豪感，促进中华文化的国际传播和交流。

文化品牌不仅具有文化价值，还具有重要的经济价值和社会价值，考虑到上海独特的区位优势和资源优势。纵观全球城市发展历史，文化建设的素质和水平，决定性地影响着一座城市在全球范围提升软实力和国际影响力。打造城市文化品牌，符合全球城市发展经验所揭示的核心规律。作为国内大循环的中心节点和国内国际双循环的战略链接，文化品牌成为这座城市身份的"超级符号"，推动文化产业与其他产业走向高质量融合发展，促进经济结构的优化升级，促进国内外文化资源的优化配置和高效利用。这不仅是城市升级的必答题，更是中国城市在文明对话中赢得话语权的关键所在。未来的较量更多发生在文化和理念层面，例如，巴黎时装周与上海时装周，谁更能符合全球人心目中的东方美学？

唯有文化品牌能让一座城市被世界心悦诚服地接受。因而，打造高质量文化品牌，将成为上海建设社会主义国际文化大都市、建设习近平文化思想最佳实践地的重要支撑和标志。

（二）打造文化品牌的路径与方法

创造一批具有世界影响力的上海文化品牌，是上海进一步建设习近平文化思想最佳实践地的优势所在。其精髓凝聚于四大维度：

1. **坚持文化自信，弘扬城市精神品格**

文化自信是赢得差异化竞争的关键。巴黎以法式美学立足，东京以传统与现代结合的"二次元"实现突围，首尔打造兼具现代性与民族性的韩流文化，均根植于本土文化的创新和改造。因此上海理应将城市独树一帜的精神品格发扬光大，而非盲目模仿、亦步亦趋，要始终结合城市自身历史文脉的特色，在文化自信的引领下，构建具有上海风格和气派的现代美学体系。

城市精神品格是文化品牌的灵魂。纽约的"自由多元"、伦敦的"包容创意"、迪拜以"敢为人先"的精神打造文化奇观，均通过打造文化品牌、厚植城市精神吸引全球人才。上海"海纳百川、追求卓越、开明睿智、大气谦和"的城市精神，既区别于北京、深圳等国内城市，又和全球其他城市不同，这种差异构成了城市的文化竞争力所在。

唯有坚守文化自信，才能避免城市发展的同质化；唯有弘扬城市品格，才能形成城市文化的持久吸引力。为此，上海怀揣敬畏之心，精心守护城市历史脉络与乡村文化纹理，致力于塑造一座魅力无限的人文之城：矢志不渝地接续中华文脉，促进中华优秀传统文化的创造性转化与创新性发展，提升历史文化遗产的保护与传承境界；深入探寻并传承上海独有的历史文化底蕴，以多元而丰富的形式，展现这座城市的非凡魅力与深邃精神。同时上海将全力打造具有强大凝聚力与引领力的社会主义意识形态高地，积极倡导社会主义核心价值观，不断提升市民的文化素养与审美境界，坚持以习近平新时代中国特色社会主义思想为指导，凝聚人心，铸就精神长城。

2. **进一步增强文化发展的创新能力**

全球城市经验表明，文化影响力需要事业筑基，更依赖产业突破。纽约依托百老汇戏剧产业和现代艺术生态，将文化转化为年产值千亿美元的创意经济。伦敦通过国家基金扶持小型文化机构，同时推动 BBC 等产业巨头全球化，形成"大机构＋小生态"的创新网络。由此可知，上海要实现文化品牌跃升，必须双轮驱动：在文化事业层面，可仿照巴黎让博物馆走进社区，建设普惠性公共文化体系，从而培育市民文化认同，为产业创新储备人才与受众。

唯有事业与产业创新并举，上海才能既保持文化根脉，又掌握国际话语权，最终实现从文化资源大市到文化影响力强市的跨越。在浩瀚的文化海洋中，上海正以创新为帆，扬帆远航，致力于文化事业与产业的繁荣兴盛，精心雕琢"上海文化"这一璀璨品牌。立足激活文化创作的灵感源泉，构筑文化传播的坚实码头，勇立文化发展的时代潮头，持续深化品牌建设，让"上海文化"之光闪耀全球。

上海正以坚定的步伐，推动文化事业与产业繁荣发展，不断满足人民群众日益增长的精神文化生活需求。在这场文化盛宴中，上海不仅是参与者，更是引领者，以创新的智慧和勇气，书写着文化繁荣的新篇章。

3. 进一步健全完善公共文化服务体系

全球城市发展经验表明，完善的公共文化服务体系是文化品牌建设的根基。伦敦通过建设覆盖全市的图书馆和社区艺术中心，为西区剧院和创意产业输送了大量人才。纽约依托公立学校艺术教育和大都会博物馆的公共项目，培养了深厚的市民文化素养。这些案例充分说明，完善的公共文化服务体系，为城市文化的繁荣发展提供了土壤。

只有当公共文化服务真正触达每个市民，上海文化品牌建设才能获得可持续的社会支持与创新动力，实现从政府主导到全民参与的文化生态转型。上海已在全国率先基本建成现代公共文化服务体系，为市民的文化生活铺设了坚实的基石。为了回应人民对文化生活"好不好""精不精"的新期待，上海深入践行人民城市重要理念，致力于在增强公共文化服务的均衡性与便利性上深耕细作，力求打造公共文化服务高质量发展的先行示范区。文化服务的核心在于贴近民心，满足人民日益增长的美好生活需要。在顶层设计与规划引领方面，上海进一步优化公共文化设施布局，确保文化资源的均衡分布。通过科学规划，增强优质文化资源的配置能力，确保每一个社区都能享受到高品质的文化服务。同时，提升文化惠民服务的效能，确保文化服务真正惠及广大市民。在推动公共文化服务数字化发展方面，上海积极探索数字化、智能化服务新模式，利用大数据、云计算等现代信息技术，提高公共文化服务的覆盖面和便捷性，打造线上线下相结合的文化服务平台，让市民随时随地都能享受到丰富的文化大餐。

党的十八大以来，上海始终坚持把最好的资源留给人民，以优质的文化供给服务人民。让每一位市民都能感受到文化的魅力与温暖。上海，这座充满活力的文化之城，正以更加开放的姿态、更加务实的行动，引领着公共文化服务的新风尚，向着更加美好的未来迈进。

4. 提升文化品牌的传播效能

文化品牌的国际影响力不仅取决于内容质量，更依托于传播效能。伦敦通过 BBC 全球网络和英国文化协会的系统化传播，将莎士比亚文化打造为世界级 IP。纽约依托百老汇联盟的专业化营销和社交媒体矩阵，使戏剧产业保持持续的国际吸引力。东京则通过整合动漫、游戏等流行文化进行精准海外推广。上海，作为国际大都市，正以前所未有的决心与行动，致力于在这场全球话语权的竞争中占据先机。

新闻舆论的传播力、引导力、影响力、公信力，是构筑思想高地的坚固基石。为此，上海不遗余力地提升这"四力"，通过精准定位、深度挖掘、广泛传播，建设推动社会进步、激发人民斗志的重要力量。在全媒体时代，把握传播规律，是提升新闻宣传质量与水平的制胜法宝。上海紧扣深化高水平改革开放、推动高质量发展等重大战略，以及人民城市建设的生动实践，精心策划、匠心制作，推出一系列接地气、冒热气、有生气的权威报道与深度报道。这些报道将如春风化雨，滋润人心。深化媒体融合发展，是提升国际传播能力的关键所在。上海积极探索体制机制创新，打破传统壁垒，推动传统媒体与新兴媒体深度融合，形成优势互补、协同发展的良好局面。在内容生产上，注重原创性、时效性、互动性，打造一批具有国际影响力的品牌栏目与节目；在内容传播上，充分利用大数据、云计算等先进技术，实现精准推送、高效传播，构建有竞争力的全媒体传播体系。构建这一体系，能够有效提升新闻舆论的传播效果，展现上海文化的独特魅力与深厚底蕴。只有构建兼具专业性和适应性的国际传播网络，上海文化品牌才能真正实现从"走出去"到"走进来"的跨越，在全球城市文化格局中赢得话语权。

通过与国际文化机构的深度合作，举办丰富多彩的文化交流活动，推广上海的文化特色产品，上海正以更加开放、包容的姿态，向世界讲述中国故事、传播中国声音。这些努力，无疑将极大提高上海乃至中国的国际传播效果与影响力。

打造具有世界影响力的上海文化品牌，是上海文化走向世界、展现魅力、赢得尊重的关键所在，也是推动城市可持续发展的重要动力。打造具有世界影响力的上海文化品牌，对于城市的文化建设与全球影响力提升具有深远意义。既能够彰显上海深厚的历史文化底蕴与现代文明魅力，还能促进文化交流与融合，增强城市的文化软实力。总之，通过构建独特的文化标识，让全球目光聚焦中国上海这座美丽的城市，使这里成为文化创新与传播的重要平台，推动文化产业的高质量发展，由此进一步提升上海的国际形象，增强市民和游客对上海的认同感与归属感，为城市带来更加广泛的经济、社会与文化效益。

三、上海打造文化品牌的基本经验

（一）挖掘整合三种文化资源

红色文化、海派文化和江南文化是上海重要的文化资源，红色文化代表了上海的革命历史和党的优良传统，为城市文化品牌注入了坚定的信念和奋斗精神。海派文化则展现了上海作为国际大都市的开放、包容和创新，为城市文化品牌增添了独特的魅力和活力。江南文化则体现了上海的历史底蕴和文化传承，为城市文化品牌提供了深厚的历史积淀和文化支撑。

在打造文化品牌的过程中，上海充分挖掘和整合这些文化资源，形成具有独特魅力的文化品牌标识。例如，通过精心策划红色文化品牌活动，如纪念展览、红色主题文艺演出及红色研学之旅，打造具有广泛影响力的红色文化品牌。同时，依托江南文化的温婉细腻、灵动雅致，打造上海豫园新春民俗庙会及豫园灯会等江南文化品牌，展现了上海的文化底蕴与独特风貌。系统整合红色文化、海派文化、江南文化三种资源，是上海打造具有世界影响力的文化品牌的重要依托，也符合社会主义国际文化大都市建设的发展规律。

1. 红色文化

上海作为党的诞生地、初心始发地、伟大建党精神孕育地，蕴藏着丰富的红色文化宝藏。打造上海标志性的红色文化品牌是强化上海城市精神基石的关键举措。

深度挖掘与活化红色文化资源，细致入微地挖掘这些历史宝藏，包括革命遗址、历史遗迹及珍贵文物，通过精心的修缮、妥善的保护及生动的展示，让这些红色印记在新时代焕发出璀璨光芒。同时，深化红色文化的研究与宣传，使之成为连接过去与未来的桥梁，让更多人深刻理解红色文化的历史深度、精神实质与时代价值。精心策划红色文化品牌活动，通过策划一系列主题鲜明、形式多样的红色文化活动，打造具有广泛影响力的红色文化品牌。通过系列活动充分展现党的辉煌历程与伟大成就，更以艺术的形式传承红色基因，激发民众的爱国情怀与民族自豪感。强化红色文化教育与传承体系，将红色文化教育融入教育体系，从学校教育、社区活动到企业文化，全方位、多层次地传播红色文化。通过课堂教学、社会实践、志愿服务等多种途径，让红色文化成为滋养心灵、塑造人格的沃土。培养红色文化传播的中坚力量，利用新媒体平台，拓宽红色文化传播的广度与深度。加大红色文化品牌宣传力度，通过多元化的宣传渠道，如媒体传播、广告投放及旅游推广，加大对红色文化品牌的宣传力度。邀请知名人士、专家学者参与红色文化品牌的宣传与推广活动，提升品牌的知名度与影响力。注重红色文化品牌形象的塑造与维护，确保品牌形象积极向上，传递正能量。

红色文化既是珍贵的历史记忆，也是城市发展的精神动力。构筑红色文化品牌，是强化上海城市精神支柱的必由之路。上海将红色文化融入城市规划、建筑设计、文化旅游等各个领域，打造具有红色文化特色的城市风景线。通过红色旅游线路的规划、红色文化创意产品的开发，让红色文化成为城市发展的重要支撑——传承红色基因，弘扬爱国精神，让红色文化成为上海繁荣发展的强大精神动力与文化滋养。

红色文化也关乎塑造城市精神与叙事话语权的掌握。中共一大会址等上海重要的红色文化品牌，构成了独特的中国革命"起点叙事"，完全有可能转化为构建革命记忆的全球话语平台。

2. 海派文化

上海以其独特的地理位置、深厚的历史底蕴和开放包容的城市精神，成为了中国乃至世界范围内一颗璀璨的明珠。海派文化，作为上海独有的文化标签，承载着这座城市的历史记忆，其开放、多元、创新的特质，为上海缔造了包容开放的都市品格。

海派文化是全球城市通向世界的跨文明接口。一直以来，纽约凭借移民文化融合形成的爵士乐、嘻哈等文化符号，成为多元文明对话的模板，可以作为上海打造海派文化品牌的对标。海派文化根植于上海开埠以来的多元文化交融，是历史积淀与现代融合的集中体现。

从早期的多元文化交融到近代的工业文明，再到当代的国际都市，上海始终保持着文化开放态度，不断吸收、融合与创新。这种历史积淀为上海塑造了一个兼容并蓄的文化氛围，使得不同地域、不同背景的人都能在这里找到自己的归属感。海派文化是国际视野与本土特色的有机融合，海派文化品牌既敏锐捕捉了国际潮流，也试图将国际元素与本土特色相结合，创造出具有独特魅力的文化产品。无论是时尚设计、艺术展览，还是影视创作、音乐演出，上海总能以其独特的视角和创意，塑造出既国际化又充满本土气息的文化形象。这种结合不仅丰富了城市的文化内涵，也增强了城市的国际竞争力。海派文化的核心在于其创新精神与包容心态。上海敢于尝试新事物，勇于突破传统束缚，这种精神体现在城市的方方面面，从科技创新到文化创意，从商业模式到社会服务，上海始终保持着对创新的追求和对失败的宽容。

通过海派文化品牌，上海成功地缔造了一个包容开放的都市品格——这种品格融入了城市的文化氛围、国际视野和创新精神，也体现在城市的每一个细节和每一个角落。近年来，上海通过举办各类国际文化节、艺术展览、音乐节等活动，有效展示了自身的文化魅力，也为国内外文化交流提供了重要平台。这些活动促进了不同文化之间的理解和尊重，为上海带来了更多元的文化元素和更广阔的国际视野，通过这种文化交流与互鉴，上海进一步提升了城市的国际影响力。

3. 江南文化

江南因风景优美、物产丰饶、人文荟萃让人魂牵梦萦，又以其诗性等特质，在诸多地域文化中独树一帜。江南文化，作为上海文化版图中的璀璨明珠，承载着悠久的历史记忆与丰富的文化精髓，更是上海这座城市精神风貌与文化底蕴的生动体现。

塑造江南文化品牌，能够鲜明地凸显上海的文化特色与个性魅力。江南文化以其温婉细腻、灵动雅致、崇文尚礼的独特韵味，赋予了上海一份难以复制的文化气质。通过精心打造江南文化品牌，我们得以更好地展现上海的文化底蕴与独特风貌，进一步提升城市的文化品位与国际吸引力。推广江南文化品牌，有助于深入挖掘、传承与弘扬上海传统文化。江南文化在上海的历史长河中扮演着举足轻重的角色，是上海传统文化的重要源头与瑰宝。通过积极构建江南文化品牌，我们能够更加系统地挖掘、整理与保护上海传统文化资源，使其在新时代焕发出更加耀眼的光芒，得到更为广泛的传承与弘扬。打造江南文化品牌，还能够有力促进上海的文化交流与传播。一个具有广泛影响力的江南文化品牌，将吸引来自世界各地的目光与关注，成为上海与全球城市文化交流的重要桥梁与纽带。

江南文化品牌的打造，尝试提供生态文明时代的东方解决方案。京都通过"町家老铺"活化传统工艺，使传统美学成为高端文化消费符号，与此同时，威尼斯将运河生态智慧转化为可持续城市典范。上海拥有长三角的园林美学、非遗传承和文人传统，构成了完整的东方生活的美学与哲学体系。江南文化承载着上海悠久的历史记忆与丰富的文化积淀，塑造着上海独特的城市风貌与文化气质，使其成为东西方文化交汇的璀璨明珠。

江南文化是上海传统文化的根基与灵魂，是推动上海文化创新与发展的重要源泉。通过深入挖掘与传承江南文化，能够更好地理解上海的文化基因与精神内核，为城市的文化发展注入新的活力与灵感。同时，江南文化所蕴含的深厚人文底蕴与独特审美价值，也为上海的文化产业与旅游业的繁荣发展提供了丰富的资源与动力。

上海的"三种文化"是打造城市文化品牌的重要基础和支撑。只有充分挖掘和整合这些文化资源，形成具有上海特色的文化品牌标识，并通过国际化传播，才能让上海城市文化品牌在世界舞台上绽放光彩。

（二）推动文化资源的品牌转化

上海打造具有世界影响力的文化品牌必须推动文化创新发展。创新发展意味着要在城市自身文脉和文化特色的基础上，通过创新性思维和创造性发展，将城市文化最本真的东西，以具有创造力的方式呈现出来。正如伦敦将莎士比亚戏剧与现代沉浸式科技结合，打造享誉全球的戏剧文化中心；东京将传统浮世绘转化为动漫和时尚设计，形成流行一时的文化潮流；巴塞罗那通过高迪建筑遗产，发展出"建筑旅游"的新业态，以文旅结合的方式带动城市复兴。

上海注重文化产业的创新发展，通过政策引导、资金支持等方式，推动文化创意产业、演艺产业、艺术品交易等相关产业的快速发展。例如中国上海国际艺术节，作为集中展示国内外优秀文化艺术成果、推动文化交流与合作的重要平台，始终坚持"艺术的盛会，人民的节日"的宗旨，吸引了众多国内外艺术家的参与和关注，成为上海文化品牌的重要支撑。"演艺大世界"则成为上海推动文化和旅游产业的融合发展的重要标杆，有效重塑了文化旅游产业融合发展的新模式。此外，上海还积极推动数字文化内容的国际化传播，降低企业出海成本，提升运营效率，为上海数字文化内容的国际化传播奠定了坚实的基础。

案例专栏 4-3：

中国上海国际艺术节

作为上海具有世界影响力的文化品牌，中国上海国际艺术节对于打造上海城市形象、提升城市软实力具有举足轻重的作用。通过汇聚全球艺术精华、传承与创新中华文化、艺术普及与教育以及城市空间与艺术融合等多种方式，中国上海国际艺术节充分展现了上海的文化魅力和城市品格。

汇聚全球艺术精华，展现国际文化视野。中国上海国际艺术节吸引了来自世界各地的艺术家和艺术机构，包括著名交响乐团、芭蕾舞团、戏剧剧团等，他们带来各具特色的演出，展示了全球艺术的多样性和丰富性。中国上海国际艺术节期间，国际演艺大会、国际对话等板块活动促进了国内外艺术界的交流与合作，推动了上海乃至中国在国际艺术舞台上的影响力。传承与创新中华文化，彰显海派文化特色。中国上海国际艺术节支持京剧、昆曲、越剧等传统艺术形式的演出，向世界展示了中华文化的深厚底蕴和独特魅力。近些年还推出了一系列新国风原创作品，注重传统艺术的创新与发展，推出了许多新国风作品和原创剧目，如舞剧《李清照》、大型史诗舞台剧《荆楚映象》等，这些作品将传统文化与现代审美相结合，充分展现了文化的创新精神。艺术普及与教育，提升市民文化素养。中国上海国际艺术节通过举办艺术教育板块活动，如艺术讲座、工作坊、学生观剧观展团等，普及艺术知识，提升市民的艺术素养和审美能力。"艺术天空"等惠民演出项目，让艺术走进社区、公园等公共空间，让更多市民群众有机会接触和欣赏艺术。城市空间与艺术融合，打造独特城市品格。艺术节通过在城市公共空间举办各类艺术活动，如艺术装置、街头表演等，将艺术与城市空间紧密结合，打造了具有独特艺术氛围的城市品格。通过多年的举办和积累，中国上海国际艺术节已经形成了鲜明的特色和影响力，为上海塑造了一个开放、包容、创新、雅致的城市形象。

总之，在打造文化品牌方面，上海有效采取新颖的形式、科技化手段、丰富多元的内容供给，实现并推动了城市文化创新发展。当然，与国际上名声显赫的文化城市相比，上海在文化品牌打造方面仍存在一定文化符号转化不足和全球叙事能力薄弱的短板。对比东京"宝可梦"式的现代 IP 转化能力，上海在文化符号提炼方面创新力不足，很大程度上仍停留在传统意象的静态叙事。文化符号不够亮眼、动人，进而导致了全球叙事能力薄弱的问题，从整体看，上海对三种文化的国际表达仍显碎片化，缺乏统领性、有标志性的创新话语体系。未来能否在现有基础上，进一步提升创新能力和活力，从而将上海文化品牌的名片打响到世界舞台，将成为考验下一阶段上海文化品牌建设的关键。

（三）强化城市形象国际化传播

城市形象是一个城市的无形资产，是城市精神文明和物质文明综合的外在反映。立足服务国家的站位，为了更好地缔造城市形象品牌、提升城市形象美誉度、提升上海的国际影响力，近年来上海积极创建既体现上海特色又拓展国际视野的城市形象品牌（IP），依托 IP SHANGHAI、Shanghai Let's Meet、City News Service、ShanghaiEye

（魔都眼）等上海城市形象国际传播的重要品牌和平台，以上海新实践、新探索、新成效，不断提升上海城市形象的国际好感度和美誉度。

打造城市形象品牌，对于提升上海城市形象的美誉度具有深远意义，能够帮助上海在全球范围内树立独特而鲜明的城市形象，增强城市的辨识度和吸引力，还能够通过高质量的内容传播和市民的积极参与，展现上海的魅力与活力，提升城市的知名度。打造城市形象品牌也是加强国际合作与交流、参与国际城市间的互动的重要途径，将进一步扩大上海的国际影响力，为城市赢得更多国际认可和尊重。

打造城市形象品牌能促进上海的文化传承与创新。在塑造品牌形象的过程中，深入挖掘和展示上海的历史文化底蕴，如红色文化、海派文化、江南文化等，不仅能让全球受众更加了解上海的历史脉络和文化特色，还能激发市民的文化认同感和自豪感，推动文化的传承与创新发展。这种文化的深度挖掘和广泛传播，可以进一步丰富上海的城市内涵，提升上海城市文化软实力，为城市形象的美誉度增添更多文化底蕴和人文魅力。打造城市形象品牌还能带动上海的经济社会发展。一个具有吸引力和美誉度的城市形象，能够吸引更多的国内外游客、投资者和人才，促进旅游、商贸、文化等产业的繁荣发展，为城市创造更多的经济价值和就业机会，优化城市的发展环境，提高城市的竞争力和可持续发展能力，为上海的长远发展奠定坚实基础。

在数字浪潮的涌动下，上海发布、IP SHANGHAI 等数字平台犹如一艘艘扬帆起航的巨轮，引领着上海市民对城市数字内容的热情分享，其活跃度在全球舞台上独占鳌头，熠熠生辉。在抖音的动感旋律中，B 站的创意盛宴里，小红书的时尚潮流间，上海的传播热度犹如璀璨星辰，高居全球之巅。这座城市数字形象 IP，不仅让上海在全球数字世界中独树一帜，更以其独特魅力，展现了上海作为世界城市的非凡风采与无限可能。

　　这些平台为上海提供了一个展示自身魅力的窗口，还激发了广大市民对城市数字内容的创作热情。其活跃度在全球舞台上独占鳌头，成为了展示上海城市形象的重要力量。在塑造城市形象的过程中，上海还积极加强国际合作与交流。通过与国际城市的深度互动和友好往来，上海扩大了自身的国际影响力，赢得了更多的国际认可和尊重。这些互动和交流为上海带来了宝贵的合作机会，也为其在全球舞台上树立了更加积极、开放的形象。

案例专栏 4-4:

上海国际电影节

　　上海国际电影节由国家电影局指导、中央广播电视总台和上海市人民政府共同主办，是被国际电影制片人协会认证分类的"竞赛型非专门类电影节"，即"国际 A 类电影节"，是全球 14 个此类电影节之一，也是中国唯一获此殊荣的电影节。上海国际电影节于每年 6 月上旬举行，电影节期间将举行包括金爵奖评选、国际影片展映、电影市场与论坛等活动。

　　作为中国唯一国际 A 类电影节，上海国际电影节争做电影行业的标杆，每年都会吸引大批中外杰出电影人参加活动，一直致力于推动中国电影产业的发展。上海国际电影节期间，来自全球各地的优秀影片将在上海各大影院进行展映，为观众带来一场视觉盛宴。这些影片涵盖了不同题材、风格和流派，满足了观众多样化的观影需求。上海国际电影节设有电影市场和电影论坛等活动，为电影行业人士提供了一个交流、合作和学习的平台。这些活动涵盖了电影全产业链的各个环节，促进了电影产业的繁荣发展。

作为上海的重要文化品牌之一，上海国际电影节充分展示了上海的文化魅力和艺术氛围，提升了上海的国际知名度和影响力。在上海国际电影节期间，来自全球各地的电影人、媒体和观众齐聚上海，共同感受这座城市的独特魅力。通过丰富的影片展映、观众见面会等活动，上海国际电影节满足了人民群众对优秀电影文化的需求。这些活动不仅让观众有机会近距离接触电影明星和电影制作团队，还让观众在欣赏电影的同时增长了见识、拓宽了视野。近年来，上海国际电影节在保持原有品牌特色的基础上，不断创新和发展。例如，上海国际电影节增设了"一带一路"电影周等专项活动，加强了与"一带一路"共建国家和地区的文化交流与合作。上海国际电影节还积极拥抱互联网和新媒体技术，通过线上展映、直播带货等方式拓宽了电影节的传播渠道和影响力。上海国际电影节作为海派文化品牌的杰出代表，是一年一度上海的文化魅力和艺术氛围的集中展演，有效推动了中国电影产业的发展和国际文化交流与合作。

数字传播是未来城市全球形象传播的主渠道，谁能占据更多的国际性数字传播平台、掌握更多全球数字传播的渠道力量，就有更大可能在国际话语权的竞争中赢得主动。全球各大城市纷纷在这一领域加快布局，推出城市数字传播新战略，打造具有自身特色的城市数字IP。城市对于数字形象IP的打造，就如同个人需要通过社交媒体经营自我的数字形象一般，将会成为展示城市魅力、诠释城市性格、吸引全球目光的重要途径，也将在很大程度上塑造城市的国际话语权。[1]

---

[1] 徐剑：《为城市形象传播插上"数字翅膀"》，《文汇报》2023年3月28日。

在这个意义上，城市数字形象 IP 犹如一幅细腻描绘城市风貌的数字画卷，背后是无数个体在繁华都市中留下的生活足迹与情感印记。上海在国际社交媒体舞台上的璀璨形象，与其丰富多彩的城市生活紧密相连——从"咖啡之城"的香醇韵味到"电竞之都"的激情四射，从海派文化的开放包容到建筑艺术的生动可读，再到"一江一河"的壮丽景观与"15 分钟生活圈"的便捷舒适……在"全球城市形象数字 IP"榜单中，上海以其服务人民为核心，让获得感、幸福感、安全感成为新时代"美好生活，人民城市"的鲜明注脚，"共享品质生活"更成为上海这张国际名片上不可或缺的亮丽标签。

当前，上海在城市形象国际化传播方面仍存在一些不足。一方面，如前所述，文化品牌和内容供给的多元，往往带来叙事体系碎片化，缺乏像巴黎"浪漫之都"的清晰定位，也未能像伦敦"创意之都"那样形成完整的价值叙事链，相比之下，"魔都"等标签缺乏文化深度，无法实现统领全球的传播效力。另一方面，城市文化输出的受众定位模糊，相比于迪拜精准针对高端游客打造"未来之城"形象，上海对海外核心受众的差异化传播策略仍不清晰。这些短板导致上海文化品牌的国际认知，仍停留在东方主义式的文化想象层面，未能充分展现其作为全球文明对话新枢纽的现代形象。

打造具有世界影响力的上海文化品牌，是上海在全球化背景下提升城市软实力、增强国际竞争力的关键举措，也是上海贯彻习近平文化思想的有力体现。以"第二个结合"为基本遵循，上海已逐步构建起独具特色的文化品牌体系，这些文化品牌不仅丰富了市民的精神文化生活，提升了城市的文化品位，更成为了上海走向世界、展现魅力的亮丽名片。在充分挖掘和整合城市的优质文化资源的同时，处理好传承和创新的关系，形成具有上海特色的文化品牌标识，将这些文化资源转化为具有市场竞争力的文化产品和服务，提升上海文化的知名度和美誉度。此外，打造上海城市文化品牌的国际化传播也很重要，利用国际传播渠道，展示上海文化的独特魅力和特色，增强上海在国际舞台上的影响力和竞争力，让世界更了解、认同上海。

如今，上海在打造文艺精品、助推文化产业和促进国际合作方面，积累了许多培育优秀文化品牌的经验。文艺精品，是文化繁荣的璀璨明珠。上海倾力打造文艺高峰，深入实施"上海文艺再攀高峰工程"，深化文艺院团改革，完善激励机制，让优秀人才与杰出作品层出不穷。优化文化资源布局，加速文化设施建设，举办高品质文化活动，让节展赛事成为汇聚人气、拉动经济、展示形象的闪耀舞台。文化产业，是文化创新的动力源泉。上海持续推动文化产业创新发展，打造具有国际竞争力的文化产业集群。重大文化产业项目如雨后春笋般涌现，文创园区集约化、规模化发展，新业态、新模式层出不穷。积极引进与培养创新人才，加强技术研发与应用，推动文化创意产业蓬勃发展，孕育出独具特色的文化产品和服务。国际合作，是文化市场拓展的广阔天地。上海积极与国外文化企业和机构携手共进，深化交流与合作，共同拓展文化市场的广阔空间，提升文化影响力。

打造具有世界影响力的上海文化品牌是一项长期而艰巨的任务，需要全社会的共同努力和持续推动。上海将继续秉持文化自信，坚持守正创新，推动文化事业与产业繁荣发展，进一步增强国际传播能力，注重提升市民的文化认同感和自豪感，让每一位市民都能成为上海文化的传承者和传播者，共同书写上海文化新篇章，让上海的文化品牌在全球城市舞台上绽放更加璀璨的光芒。

第五章

展示中华文化的重要窗口

文化是民族的精神命脉。中华文化形态虽呈现方式各异，但已深度融入人民群众的衣食住行，形成潜移默化的精神滋养，不仅具有物质形态的外在表现，更蕴含着以爱国主义为核心的民族精神和以改革创新为核心的时代精神。这种文化特质既体现在显性的文化符号中，更渗透于国民的价值观念与行为准则中。通过中华文化的传承和发展，能够不断强化全体人民的文化认同，充分发挥文化凝心聚力的重要作用，为中华民族伟大复兴提供坚实精神支撑。中华文化是一个不断发展和变化的动态体系，它既包含了历史传承，也包含了现代创新，它不仅包括中国古代文化，还涵盖了中国近现代以及当代的文化。中华文化是指中国各民族在长期历史发展过程中创造的、具有鲜明民族特色和地域特色的文化。中华文化以伦理生活为基础，中华民族在伦理生活实践中形成的共同体意识催生了中华文明的共同价值，共同价值反过来铸牢了中华民族共同体意识，指导着中华民族的伦理生活实践，体现为日用而不觉的伦理生活，万物一体的共同体意识。随着全球化的发展，展示中华文化也是向世界传递中国价值观和文化理念的一种方式。展示中华文化不仅是对过去的回顾，从历史中汲取经验和智慧，也是对未来的描绘，向世界提出中国方案，它对于增强文化自信和主体意识、维护文化多样性、减少文化冲突、促进文化发展等方面有着重要意义。

展示中华文化，上海有独特的区位优势。首先是地理条件，上海位于长江入海口，东临东海，北靠长江，地理位置优越，是我国对外开放的重要窗口。这座城市的地理优势使其成为国内外商贸活动的枢纽。其次是文化积淀，上海自近代以来一直是中外交流的重要窗口，是东西方文化的交汇地。海派文化推崇兼容并蓄的文化精神，强调多样化的文化氛围，积累了相当数量的文化资源和精神财富。最后是经贸体系和产业结构的优势。上海作为中国的经济中心之一和国际大都市，拥有高度发达的经济体系和多元化的产业结构，为推动文化交流提供了丰富的资源和平台。

近年来，上海一直致力于在展现上海精彩的同时讲好中国故事。2024 年 11 月 10 日，第七届中国国际进口博览会在上海闭幕。六天展会里，国际政要、企业高管齐聚上海，高质量论坛活动凝聚开放共识，专业化对接洽谈传递开放强音，展现了中国坚定推进高水平开放、推动构建开放型世界经济的决心和信心。在习近平总书记关于进博会"越办越好"等重要指示精神的指引下，上海再一次展现了作为国际化大都市的有序和高效。本届进博会企业展继续保持 36 万平方米的超大规模，共有 129 个国家和地区的 3496 家企业齐聚"四叶草"——国家会展中心，来自 104 个"一带一路"共建国家的 1585 家企业、13 个《区域全面经济伙伴关系协定》（RCEP）国家的 1106 家企业、37 个最不发达国家的企业参展。

进博会交易的是商品与服务，交流的是文化与理念。进博会的影响远不止于展会本身，其溢出效应已经深入区域协作、人文交流、开放合作等各个方面。中国国际进口博览会溢出效应论坛秘书处发布的进博会溢出效应指数研究报告显示，从 2018 年首届进博会到 2023 年第六届进博会，进博会的溢出效应指数上涨了 169%。来自全国各地的省份纷纷将它们独特的文化和特色带到这个国际性会客厅，从布展的各种细节，就可以看出"文化"和"贸易"的双赢始终是进博会的主题。2024 年适值北京中轴线成功列入世界文化遗产名录，北京市以中轴线文化传承为主题，系统组织沿线中华老字号品牌集体入驻进博会，集中展现古都文脉与现代商贸融合发展的创新实践。山西省立足文旅资源，通过数字孪生技术对传统建筑群及自然景观进行全景式复现，并创造性活化西游 IP，构建虚实相生的文化展示矩阵。内蒙古自治区重点推介科尔沁皮雕技艺、计氏羊皮画制作等国家级非物质文化遗产，彰显草原文化独特魅力。上海市实施"双创"融合的展示策略，既突出海派老字号的历史积淀与工艺传承，更依托《明日方舟》《恋与制作人》《原神》等数字文化产品，创新打造跨次元文化交互场景，实现传统精粹与潮流文化的协同传播。

进博会的背后不仅有经贸指标，更关联着中华文化在世界格局中的展示与呈现。中华文明是中华民族在长期历史生活实践中创造的物质和精神成果。习近平总书记指出："只有全面深入了解中华文明的历史，才能更有效地推动中华优秀传统文化创造性转化、创新性发展，更有力地推进中国特色社会主义文化建设。"近年来，全国各地纷纷多管齐下，进一步推动文化实践，加强文明互鉴，结合当地特色打造展示中华文化的重要窗口。上海是改革开放排头兵、创新发展先行者，如今又有加快建设"五个中心"重要使命在肩，新发展格局更进一步为上海切实担负起社会主义国际文化大都市使命提供了坚强支撑。2023 年习近平总书记在上海考察时指出，上海"是文化建设的高地，也是展示中华文化的重要窗口"，勉励上海"勇于担负新的文化使命，在建设物质文明和精神文明相协调的现代化上走在前列"，对上海的城市文化建设提出了更高要求。针对打造展示中华文化的重要窗口这一关键命题，本章重点聚焦三大维度开展理论探索：其一，如何通过制度创新构建传统基因与现代语境的有机衔接机制，实现文化根脉的创造性转化；其二，如何在维护文化主体性的基础上完善开放包容的文明对话体系；其三，如何统筹数字技术应用与人文精神传承，建立科技赋能与文化价值引领的良性互动格局。

一、上海文化出海新生态

党的十八大以来，以习近平同志为核心的党中央把宣传思想文化工作摆在治国理政重要位置，在深刻总结百余年来党领导文化建设的历史探索、新时代宣传思想文化工作实践经验的基础上，坚持"两个结合"，推进马克思主义文化理论创新发展，提出一系列新思想新观点新论断，构成了习近平新时代中国特色社会主义思想的文化篇，形成了习近平文化思想，为做好新时代新征程宣传思想文化工作、担负起新的文化使命提供了强大思想武器和科学行动指南。

2023年10月，全国宣传思想文化工作会议正式提出习近平文化思想，在新征程上高举起我们党的文化旗帜。上海本就是中外文化交汇之地，近代开埠之后就得风气之先，打造中外文明互鉴桥梁，多角度展示中国文化的历史魅力和当代成就，是长期以来上海文化建设的题中之义。习近平总书记对上海发展满怀深情、寄予厚望。文化建设始终是习近平总书记念兹在兹的大事。习近平总书记提炼概括了"海纳百川、追求卓越、开明睿智、大气谦和"的上海城市精神和"开放、创新、包容"的上海城市品格，党的十八大以来多次考察上海，作出一系列重要指示，为上海进一步建设社会主义国际化大都市指明了方向。上海按照党的二十届三中全会关于"深化文化体制机制改革"总体部署，聚焦"要在学习贯彻习近平文化思想上走在前列，打造文化自信自强的上海样本，建设习近平文化思想最佳实践地"。纵观上海文化出海的生态版图，网络文艺出海及其背后一连串的数字化产业转型，成为新时代上海文化出海的主攻方向之一。

（一）内容创新：从"老三样"到"新三样"

"包饺子、打太极、学汉语"曾是我国标志性的文化输出，但是面对新时代新要求，特别是面对"Z世代"的年轻人，这"老三样"显然需要革新换代。近年来，以网文、网剧、网游为代表的文化出海"新三样"成绩斐然，增进着中华文化交流的深度和广度。由于翻译和传播能力的提升，中国网络文学在海外的影响力逐步扩大，玄幻、仙侠、科幻等题材更被众多对中华文化充满浓厚兴趣的外国青年所喜爱。2024年中，《庆余年》第二季收官，该剧在播出期间，不仅突破了腾讯站内有史以来最高纪录，央视收视率达1.07%，而且成为美国迪士尼流媒体平台Disney+有史以来播出热度最高的中国剧。而根据《2023中国网络文学出海趋势报告》显示，截至2023年10月，海外门户起点国际（WebNovel）已上线约3600部中国网文的翻译作品，同比三年前增长110%。其中，《许你万丈光芒好》《抱歉我拿的是女主剧本》《天道图书馆》等9部翻译到海外的作品阅读量破亿。网游游戏当然也不遑多让，暑期"中国首款3A游戏"《黑悟空：神话》正式登陆PC、PS5平台，在发售三天后，该作的全平台销量超过1000万套，打破中国游戏历史记录。11月18日，据统计机构VG Insights披露，《黑神话：悟空》在Steam上的销量已突破2200万份，收入超11亿美元，在中国家喻户晓的孙悟空在国际市场上刮起了一股"中国风"。

以"新三样"为代表的新文化形态正成为"促进文明交流互鉴"的重要载体，上海品牌在其中表现抢眼。《2023中国网络文学发展研究报告》数据显示，网文出海市场规模超过40亿元，海外网络作家约 41 万名，海外访问用户约 2.3 亿，覆盖全球 200 多个国家及地区。2024 年 5 月 16 日，《庆余年》第二季在 CCTV-8 黄金强档、腾讯视频首播，引发追剧浪潮，台网成绩双爆，热度登顶断层第一。《庆余年》一、二季故事的作者是阅文集团旗下起点读书作家猫腻，其网络文学 IP 输出方为阅文集团。阅文以数字阅读为基础，IP 培育与开发为核心，旗下平台覆盖 200 多种内容品类，触达数亿用户，已成功输出《庆余年》《赘婿》《琅琊榜》等网络文学 IP 及多种形式的改编作品，覆盖有声、动漫、影视、游戏、商品化等多种业务形态。总部位于上海的米哈游和叠纸两大网游公司也表现抢眼。米哈游旗下原创国产游戏《原神》乘风破浪，成功出海，上线仅 3 个月，全球下载量近 3700 万次。这几年，越来越多的中国公司陆续在海外发行自有品牌，如腾讯 Level Infinite、米哈游 Ho Yoverse、莉莉丝 Farlight Games、鹰角 GRYPHLINE 等。值得注意的是，以《暖暖换装物语》《暖暖环游世界》《奇迹暖暖》《恋与制作人》等女性向游戏闻名国内游戏市场的叠纸游戏，于 2024 年初推出全新 3D 乙女手游《恋与深空》，吸引了一大批忠实粉丝。5 月 20 日，借着一波浪漫消费的热度，叠纸正式对外官宣自家海外品牌 "Infold Games"。据七麦数据，在 iPhone 端的游戏畅销榜中，《恋与深空》的排名于 9 月 23 日一度登顶，超越了腾讯的《王者荣耀》和 DNF（地下城与勇士）手游，甚至超过了抖音。直到现在，《恋与深空》仍位列畅销榜前列。另据 Sensor Tower 数据，截至 2024 年 8 月 11 日，《恋与深空》的全球总收入已达到了 2 亿美元（约合人民币 14.25 亿元）。

可以看到，文化出海"新三样"呈现出融合发展态势，其背后基于中国文化元素进行的创意集聚、脚本架构以及一系列的跨界开发推广等，将富有中国特色的 IP 进行全产业链孵化，不断向世界传递积极有力的中国文化信号。上文提到的网文、网剧、网游呈现的产业数字化转型，无疑是新业态拓展新版图，展现的是奋发有为、锐意进取的上海精神。但在上海城市更新中，还有亟待转型的传统行业，而这些传统的"有形IP"中，不乏珍贵的历史文化遗产，亟须将其纳入转型升级的数字产业规划中，进一步使其在世界之变、时代之变、历史之变中迸发勃勃生机。

（二）机制创新：文化出海与产业数字化转型

数字文化产业作为国家文化数字化战略的重要组成部分，承载着增强文化软实力、推动文化自信的重要使命。同济大学研究团队发布的《全球数字文化产业出海研究报告》，通过对2021—2023年G19国家（G20国家去除欧盟）14个文化细分门类共计12.18万款APP在全球220个国家和地区（不含本国）下载量和营收数据的系统性分析，深度挖掘了三年中世界各国数字文化产业出海状况，全面呈现了全球数字文化产业出海中的优劣态势与竞争格局。其中，中国数字文化产业出海的综合指数（下载量40%+，收入40%+，APP数量20%）排名全球第二，与第一名美国之间的差距逐渐缩小。中国在游戏类、图书类、影视类APP中的表现抢眼，在部分相关排名中以巨大优势占据榜首，这也正好对应了之前提到的"新三样"文化出海的优异成绩。数字文化重塑了人类的生存方式，形成了新的生产力要素组合，形成了新的文化叙事架构和文化形态，形成了新的消费动力和应用场景。虚实交互、以虚促实、数字共生不仅仅是在生产端和供给端，也在需求端和消费侧萌发了新的消费场景，从而带动了文化生产力以及整个生产关系的不断前行。

数字文旅产业是我国文化旅游业建设战略性支柱产业的重要支撑，是构建文化强国和促进国际文化交流互鉴的桥梁纽带，也是上海推进首创性改革、引领性发展的重要载体。上海在数字文旅产业方面取得了令人瞩目的成就，正进一步加强与国内外文化旅游产业的交流与合作，推动科技赋能文旅、创新文旅应用场景、打造高显示度的文旅IP、提升智慧服务水平，共同促进文旅消费升级、深化文旅商体展联动、开创数字文化产业更加美好的未来。数字文旅的开发离不开对遗址遗迹等历史文化遗产的活化利用，比如青浦有崧泽遗址、福泉山遗址、青龙镇遗址，松江有广富林遗址等。上海正以更强烈的自觉，大力传承弘扬城市文脉，坚持以物论史、以史增信，精心实施好上海文明探源工程、革命文物利用工程、工业遗产活化工程、上海城市记忆工程，高水平推进长江国家文化公园上海段建设、长江口二号古船考古和保护利用、江南水乡古镇联合申遗等重大战略、重大项目，加强考古发掘研究、文物保护利用、非遗活化传承，大力推动中华优秀传统文化创造性转化、创新性发展，努力使典籍中的上海、文物中的上海、遗迹中的上海在穿越时空中活态呈现，让红色文化、海派文化、江南文化在交相辉映中绽放时代光彩。

《繁花》从小说到电视剧，成为大热的城市IP，同样的现象出现在《爱情神话》和《好东西》两部具有浓厚沪上色彩的电影上映之后，城市文化IP借助优质作品和互联网推广，激活线下Citywalk主题消费，"有形IP"和"数字IP"双线交织成为如今数字文旅产业中极为常见的现象。中国式现代化数字文化产业高质量发展，一是要创新文化内容表达、强化文化新质生产力，二是要加强技术驱动、推动文化新质生产力高效转化，三是要加速构建多层次的文化消费生态、释放文化新质生产力潜力，四是要构建开放共享的产业生态、增强文化新质生产力整体效能。

当前，政产学研各界对数字文化产业高度关注。无论是元宇宙的创新场景应用，还是数字经济在文化领域的深度解析，都引领着数字文化产业成为推动国家文化软实力提升和经济社会高质量发展的重要支撑。国家政策大力推动"文化数字化战略"的同时，也明确指出要加强数字文化新基建，推动文化产业与科技产业的深度融合。数字文化产业高质量发展已经成为新的经济增长点，在国际市场中具备更强的竞争力和吸引力。然而，产业规模迅速扩展和市场环境复杂化的背后，如何保障数字文化产业的健康、可持续发展，仍然是我们面临的重大挑战。我们依旧在技术应用、资金保障、版权意识、行业标准、市场监管等方面面临着挑战，这需要社会各界共同打造更加完善的数字文化产业生态系统。

二、创新城市形象的国际表达

用国际化表达传播中华文化，讲好上海故事，这是城市形象传播的上海智慧，更是上海城市软实力的重要体现。上海是世界观察中国的一个重要窗口。这背后，标志着城市形象构建的主力军正逐步多元化。

（一）"上海流量"：融媒体矩阵提升城市形象

上海一直在致力于打造具有国际影响力的媒体集群，提升国际传播的话语权和影响力，提升上海城市的知名度和美誉度。其中比较有代表性的两个网络平台，是 IP SHANGHAI 和 ShanghaiEye。

上海城市形象资源共享平台 IP SHANGHAI 由中共上海市委宣传部、市委外宣办公室举办，已列为提升上海城市软实力重要工作项目之一，由澎湃新闻承建运营，是国内首个集聚合征集、共享传播、孵化创新为一体的数字化城市形象资源共享平台，于 2021 年 11 月 8 日正式上线，同步启动面向全球的上海城市形象资源征集。上线一年后，IP SHANGHAI 首次发布了"全球城市形象数字 IP"，通过社交媒体大数据分析，将全球数字传播最为活跃的国际城市形象以数字 IP 方式呈现，这标志着全球城市形象打造迈入了数字世界新阶段。其中，上海以服务人民的获得感、幸福感、安全感，呈现新时代"美好生活，人民城市"的数字形象。"上海生活方式"是全球社交媒体中讨论热度最高的城市关键词——从"咖啡之城"到"电竞之都"、从海派文化到建筑可阅读、从"一江一河"到 15 分钟生活圈，展现了中国式现代化的上海样本。此外，为鼓励人人成为城市形象的塑造者、传播者，作为上海城市形象国际传播最高奖项，上海市第十六届"银鸽奖"（2021 年度）评选首次依托上海城市形象资源共享平台 IP SHANGHAI（www.ipshanghai.cn），聚焦四大方向甄选：中华文化国际表达、推广推介双创演绎、全球叙事能力建设和扩大国际"朋友圈"。此后"银鸽奖"也成了 IP SHANGHAI 的"常驻嘉宾"，其年度评选征集的议题也增加了上海形象世界推广这个方向，对比之前征集主题，可以感受到上海城市 IP 建设已经到了关键时期。

据 2024 年的数据，IP SHANGHAI 围绕内容建设和社群运营，突出上海形象的视觉表达，激发大众创作和民间叙事，探索众创型资源共享模式，壮大国际传播社群力量，先后推出"Z 世代在上海""上海，无限可能""机遇上海"等重大国际传播项目，发起"城市摄影大赛""SHANGHAI IN MY MIND"等系列主题活动，已吸引 3 万名专业创作者、820 余家机构用户入驻，海外账号运营一年粉丝超过 60 万，触达海外账号数 6500 万，成为海外平台成长最快的城市形象类账号之一。在上海发布、IP SHANGHAI 等数字平台推动下，上海市民对城市数字内容分享活跃度也在全球名列前茅。上海在抖音、B 站、小红书等平台中传播热度均位列全球第一，在 TikTok、You Tube、Instagram 等社交媒体的传播热度也位居头部城市之列。具有世界影响力的城市形象数字 IP，让上海的城市数字传播独具魅力。IP SHANGHAI 的运营方式也为国内其他城市带去了经验，据不完全统计，IP SHANGHAI 引领带动的已上线运行的城市形象 IP 平台还包括：IP WUHAN（武汉）、IP YANGZHOU（扬州）、IP LINYI（临沂）等。

2024 年 4 月 28 日，上海市人民政府新闻办公室联合上海文广国际传播中心，发布上海城市形象片"Shanghai Let's Meet！"系列之《GO AND SEE SHANGHAI》国际版（英文版），以独特的视角，邀约全球观众见证上海城市发展的蓬勃律动，感受都市文化的无穷魅力。形象片通过上海文广国际传播中心旗舰品牌 ShanghaiEye 的 You Tube、Facebook、Instagram、TikTok、X 等海外社交媒体矩阵，以及欧洲电视联盟、亚洲广播电视联盟、阿联酋国家通讯社、美联社等海外合作伙伴对外发布。此前，多语种城市形象片 GO AND SEE SHANGHAI 的德文版、韩文版已分别于当地时间 3 月 27 日和 3 月 31 日，在德国"杜伊斯堡上海电影周"和韩国"2024 釜山上海电影展"上首发，引发海外各界人士对上海的热切关注。Shanghai Let's Meet 上海官方海外英文账号上线一年来持续推送优质内容。该账号已入驻多家海外主流社交平台，粉丝总量突破 70 万，累计触达 2.9 亿人次。比如，X 平台推文平均阅读量位居全国地方政务号前列，发布内容获国内国际机构、世界 500 强企业及国际知名人士的转发和点赞。ShanghaiEye 平台于 2023 年升级焕新，面向海外，推出"ShanghaiEye 24 小时直播流（ShanghaiEye LIVE24）""ShanghaiEye+ 视频共享平台（ShanghaiEye PLUS）"和"ShanghaiEye 会客厅（ShanghaiEye MEET）"三大子产品，聚焦上海热点，解读"魔都"故事，全力打造国际传播超级视频 IP，建设与上海全球卓越城市地位相匹配的国际传播立体生态圈。ShanghaiEye 辐射全球 110 个国家和地区超过 2000 家电视台和新媒体平台。未来，ShanghaiEye 还将进一步丰富除汉语、英语、日语之外的语种和国际传播语态，服务多地区、多国别受众的多样化需求。

（二）推广提效：内外双循环扩大"朋友圈"

国际"友好城市"（International Friendship City）是世界各国地方政府（省、州、市、县）之间通过协议形式建立起来的一种国际联谊与合作关系，是"友好省州与友好城市"的简称，在西方又称"姐妹城市"（Sister Cities）或"双胞城市"（Twin Cities）。"友好城市"最早起源于欧洲，之后扩散到世界各地，提供相互对话平台共同发展项目，讨论共同关心的议题。从 20 世纪 80 年代开始，国际友好城市的建立出现了两个新现象。一方面，许多西方国家的城市与东欧社会主义国家之间的城市建立友好城市关系；另一方面，国际友好城市突破了此前主要在发达国家之间的城市建立友好关系，开始在发达国家城市与发展中国家城市之间建立友好关系。上海与 72 座国际友城以及更多海外城市建立了友好交流关系，通过这些友城纽带，上海不断加强与全球城市的联系和合作。通过友城交流新形式和新内容，上海把优势资源"嵌入"友城平台，形成"友城 +"合作格局。上海也以友城为平台参与多边国际城市交往，通过发展信息共享、文体活动共办等形式，形成"1+1+1 > 3"的合作模式。

上海"友城 +"的合作主要集中在经贸、文化、教育、科技和城市治理等方面。其中一些城市和上海的友谊深厚，双方的合作尤为深入。比如 1980 年 1 月，上海与旧金山结为友好城市。以此为起点，双方在经济、科技、医疗卫生、文化教育、城市建设、人才培养等多领域开展全方位务实合作。2010 年夏，旧金山在上海世博会上举办了

"旧金山周",成为唯一在上海世博会期间举办展览周的外国城市。近年来,上海与旧金山之间的合作迈上新台阶,特别是上海市杨浦区和旧金山湾区之间的区域合作愈加深入。旧金山湾区是全球国际化程度最高的地区之一,以高科技产业、金融业、旅游业而闻名,在建立知识型社区方面拥有创新理念及成功实践。而杨浦区集聚了复旦、同济等14所高校,有大量科教资源与创新人才,正处于"工业杨浦"向"知识杨浦"经济转型的关键发展阶段,友好城市的交流互鉴无疑为上海的区域发展提供了有力支撑。

除了友城网络,上海百姓熟知的中国上海国际艺术节也是上海拓宽国际朋友圈的重要品牌。2024年数据显示,中国上海国际艺术节已累计吸引80多个国家和地区、750余家中外艺术团体和50000余名艺术家交流合作,直接覆盖中外观众超过7000万人次。经过20多年的发展,中国上海国际艺术节已成为集聚全球一流演艺资源的文化码头、引领当代艺术创作潮流的国际舞台、推动中外文明交流互鉴的重要平台和展示人民美好生活的生动图景,着力打造具有世界影响力的上海文化品牌。

另一个有着30多年历史的上海文化品牌,上海国际电影节,也具有广泛的国际影响。上海国际电影节自1993年开办以来,荟萃了众多国际电影佳作,成为在国际上具有广泛影响力的A类国际电影节,也成为上海电影国际化发展的闪亮名片。2024年,上影节征集到来自五大洲105个国家和地区的报名参赛、参展作品超3700部,来自60多个国家和地区的5000多位嘉宾在电影节期间相聚上海,137家海内外影视机构亮相在上海展览中心举办的电影市场。从电影文化交流到"文商旅"跨界融合,从引入欧美经典影片到"一带一路"共建国家来华展映银幕新作,上影节让上海成为中外电影文化交流的重要纽带。

三、中国式现代化的上海故事

在王家卫执导的电视剧《繁花》中，有一个很有意思的桥段。夜东京的老板娘玲子自立门户，将上海本帮菜和日本料理结合，开创出"本帮怀石料理"。玲子的智慧源自博采众长的海派文化，她和故事的另一个主人公汪小姐身上都带有上海人拼搏、开放、创新的鲜明特质，她们的人生故事是对现实上海故事的艺术加工。上海故事汇聚了关于中国故事几乎所有的典型要素，比如近代以来的现代化进程、开放包容的精神、多元多样的文化形态、波澜壮阔的发展历程等，都提供了讲好中国故事的丰富素材。

（一）新时代社会主义国际文化大都市

对于上海来说，人民性是社会主义国际大都市区别于资本主义国际大都市的本质性特点。为满足广大人民群众对美好生活的需要，上海把最好的资源留给人民。人民本位使上海文化与中国特色社会主义高度契合。当今的上海，不是西方超大城市发展之路的再版和翻版，而是在共产党领导下的人民城市的新版。在建设社会主义国际文化大都市中，上海与纽约、伦敦、东京、巴黎等大都市进行对标，并着手在国际文化舞台上扮演更积极的角色。上海正在避免"东方巴黎"或"远东纽约"等简单化、被动型的对标，积极借鉴世界城市文明精华，在文化影响上对标纽约，在文脉保护上对标巴黎，在文化特质上对标东京，在文化产业上对标洛杉矶，创建城市文明和文化新形态。上海立足大都市、背靠长三角、面向全世界，拓展和强化文化影响力。上海的阅文、喜马拉雅、米哈游、哔哩哔哩、得物等垂直数字内容服务企业，开创和壮大了二次元、手游、国潮社群等细分领域，具有典型的"魔都"特征。

作为全国经济第一城，上海是备受青睐的"演唱会之城"。据中国演出行业协会发布的数据显示，大型演出市场2024年上半年爆发式增长，演唱会、音乐节票房收入同比增长134.73%，观演人数同比增长63.35%。其中5000人以上大型演唱会对市场增长的贡献率最高。据道略音乐产业研究院《2024上半年中国演唱会报告》显示，2024年上半年全国演唱会市场演出供给持续走高，共演出1182场。其中上海演唱会场次高达147场，堪称"断层式"领先。2017年，上海曾出台《关于加快本市文化创意产业创新发展的若干意见》，提出打造"亚洲演艺之都"的目标，鼓励国内外知名院团和艺术家将原创作品的全球首演、国内首演放在上海。当前，推动演唱会发展已成为全国城市的共同发展路径，在举办地"下沉"之外，被争夺的艺人也不断向国际"顶流"延伸。让更多国际演唱会在上海举行，也是丰富上海作为"亚洲演艺之都"多样性、提升全球化水平的重要方向。

2017年，上海推出涉及设计、影视、演艺、动漫等重点领域的50条政策措施，其中提到实施中华创世神话和中国经典民间故事动漫创作、原创艺术类精品游戏推优扶持工程。经过多年建设，上海原创动漫及游戏的文化产业地标正在逐渐形成。如宜山路的游戏公司群落，在宜山路附近的漕河泾开发区集聚了上海约60%的游戏企业和行业产值，沿地铁9号线初步形成了上海数字娱乐产业的核心带，集聚了约150家游戏头部企业，多个大厂游戏业务和游戏公司均聚集于此，包括腾讯、网易、字节跳动、快手、莉莉丝、鹰角、叠纸、游族网络等。"全球电竞看中国，中国电竞看上海"，灵石路的电子竞技战队也引人瞩目。静安灵石路方圆3千米，聚集了多家电竞俱乐部、游戏公司、直播平台、运营商及相关产业，形成了闭环的电竞生态圈。于是，灵石路"宇宙电竞中心"的爱称，口口相传，甚至成为上海电竞的代称。静安区作为全市乃至全国最早致力发展电竞产业的城区之一，自 2019 年率先发布电竞产业专项扶持政策以来，已累计投入扶持资金超亿元。同样位于静安区的上海宾馆，迎来《英雄联盟：双城之战》沉浸式音乐秀的驻场演出，打造上海文化演艺新地标。有了《不眠之夜》的尝试，这次沉浸式音乐秀充分利用"英雄联盟"这一IP，与全世界的音乐艺术家广泛合作，巧妙运用 IP 的宝藏曲库、电影级的场景细节和近距离表演的冲击力，使观众可以身临其境地看到他们钟爱的歌曲被他们钟爱的角色演绎，就好像是一个立体的音乐节。这些文化产业集群与城市空间相互耦合，大大提升了上海文化空间标识度。

上海建设社会主义现代化国际大都市，将自身置于中国式现代化的伟大进程中，聚焦"三种文化"融合背后的时代变迁与社会进步，深入生活、扎根人民，不断描绘上海在新一轮改革开放中昂扬奋进、勇于探索的新风貌，讲述上海在创新驱动发展、经济转型升级、社会治理创新等方面的时代故事，展现上海作为改革开放排头兵、创新发展先行者的独特魅力。

（二）"人人都是精彩故事传播者"

城市形象的国际传播，归根到底不是静态的物的传播，而是动态的人的传播，讲的是人的故事。传递城市形象既需要仪式性的观念标准和画面感的都市风光，也需要普通人、平凡人的小故事。在人人参与的城市形象国际传播中，充分发挥人的传播主体力量，挖掘提炼契合城市精神和品格的人物，反映品质生活、城市文化的平凡故事，从而塑造鲜活可感的人民城市形象。

2024 年 11 月 12 日，已经 3 年多没有更新视频的四川网红博主李子柒，以漆器工艺和竹屋修葺两条视频回归，一夜涨粉 380 万。随后，成都发布官方微博还共同发起"与四川非遗不柒而遇"话题活动，邀约大家与李子柒共同宣传四川非遗。第二天，新华社放出独家专访视频，拍摄地点依山傍水、绿荫环绕，李子柒坦言自己淡出大众视线的 3 年，走遍全国了解学习非遗技艺和传统文化，"归来依旧热爱"。李子柒生活化的镜头下是当代田园日常，折射出中华优秀传统文化绵延至今的活力和魅力，与中华优秀传统文化的"双创"主题互为表里，有着鲜明的中国印记。除了李子柒，一大批网红博主的创作也多次以中华优秀传统文化为主题，变装博主朱铁雄扮演中国历史上的英雄人物如孙悟空、关羽、哪吒等，将民族情愫与家国情怀融入其中；煎饼果仔和夏天妹妹联合拍摄了《逃出大英博物馆》系列短剧，讲述了一个化为人形的中华缠枝纹薄胎玉壶从大英博物馆逃回中国的故事，播放量达 24 亿；手工博主雁鸿 Aimee 凭借易拉罐制作京剧凤冠、苗族头饰等作品走红，她制作的掐丝蝴蝶装饰还登上了巴黎时装周的舞台，让古老技艺走向海外……这些博主的创作大热，也给予自媒体时代的文化发展一些有益的启示。

融媒体时代，传播者与受众的界限不再泾渭分明，受众转为主动用户。多元化的受众需求正逐步影响媒介市场朝分众化、精细化、个性化方向发展。融媒体时代的内容创作不仅要满足受众的认知需求，还需要满足其对审美体验、共情体验、互动体验的多重需求。以非遗叙事为例，多元的创作类型，加上非遗本身绚烂的魅力和厚重的故事，让传统文化在短视频平台上有了更多出圈的可能性，带动更多观众亲身体验。数据显示，从 2023 年 5 月到 2024 年 5 月，共有 1379 万网友在抖音分享自己的非遗体验，漆扇、簪花、马面裙打卡视频增速居高，分别实现了318倍、55倍、15倍的增长。购买非遗团购商品的用户数同比增长328%。这些内容在国内外网络走红的同时，也成为当地文化的代表符号，助推当地文旅发展。2022年1月，上海市人民政府、江苏省人民政府、浙江省人民政府联合印发《上海大都市圈空间协同规划》，提出整体保护与活化遗产群的文化发展之路。上海大都市圈共有206个国家级非遗项目，占全国的5.7%，省市级的非遗项目则更多。从入选时间看，2006年第一批共有40个，2008年第二批最多，共有74个，其后三个批次分别有49个、21个、22个项目。其中昆曲、古琴艺术、剪纸、端午节、桑蚕丝织技艺、针灸、京剧、太极拳等项目入选联合国教科文组织非物质文化遗产名录（名册），扩大了这些非遗项目的国际影响力。这些非遗项目本身也成为上海面向世界展现中华文化精彩之处的丰厚资源。

随着移动互联网的蓬勃发展，网络空间已成为弘扬与传播社会主义核心价值观不可或缺的前沿阵地。党的二十届三中全会将构建更有效力的国际传播体系作为深化文化体制机制改革的重要抓手之一，不仅是回应时代变迁、满足人民精神文化生活新期待的迫切之举，也是在全球语境下丰富人类文化多样性、展现中华文明新气象的必然要求。汇聚各方力量共同推动海派文化的数字化、国际化表达，利用移动互联网的便捷性与广泛性，将中华文化的独特魅力与深厚底蕴传递给世界。上海鼓励和支持各类民间主体参与对外传播，营造"人人都是精彩故事传播者"的良好氛围。如通过沉浸式微旅行、"海派城市考古"、各类Citywalk路线等，成为上海挖掘文旅新资源、新增量的新途径，让人们在阅读城市过程中发现更多都市文化资源，挖掘人文价值，从简单的"网红打卡"进入到文化体验的更高阶段。例如，由市政府外办、市友协、市委网信办主办报业集团国际传播中心、上海市白玉兰国际友好交流基金会协办的"我和上海"（Shanghai, My City）短视频作品征集活动自 2024 年初开启以来收到了逾 200 件作品，12 月 5 日起优秀作品展播季拉开帷幕。提升中华文化的知晓度和影响力，应采用贴近不同区域、不同受众的精准传播方式，推进中华文化故事的全球化表达、区域化表达、分众化表达，进而打造上海故事的新叙事、新表述、新内涵，更加鲜明地彰显上海故事的思想力量和精神力量。

四、打造全球叙事体系"上海样本"

推动更多中国文化产品走向世界，"民族"和"世界"这两种意识都不可或缺。中华文化自信自强，根本上是强调文化的主体性。文化主体性是一个国家或民族在文化发展和文化活动中具有的自主性、独立性和创造性。比如，可以决定符合自身国情的文化政策，而不是对外来文化和外来价值观念生吞活剥、全盘接受的"拿来主义"；在各种文化激荡的国际语境中，保持自己清醒的独立思考和价值判断，而不是亦步亦趋、鹦鹉学舌般盲从国际舆论；对自己的文化特色和短长有较为基本的认识，即文化自觉，并去芜存菁，传承弘扬优秀传统文化……文化主体性是一个国家或民族软实力的重要组成部分，它不仅关系到文化的安全和发展，也是国家综合实力和国际影响力的重要体现。清晰地体现文化内涵，保持自己民族的独特性，与全世界文化交流交融，这就是彰显文化的主体性，进而在各种文化交汇融合中进一步壮大主流价值、主流舆论、主流文化。习近平总书记指出，"我们追求的不是中国独善其身的现代化，而是期待同广大发展中国家在内的各国一道，共同实现现代化"。这既鲜明地呈现了中国式现代化的人类性价值追求，也深刻地表征了当代中国主流价值的实践指向。随着中国式现代化的深入推进，新时代文化建设面临如何在文化大发展、大交汇、大融合的时代语境中进一步壮大主流价值的战略要求。坚持以习近平文化思想为指导，坚定文化自信，秉持开放包容，坚持守正创新，努力融通物质文明建设与精神文明建设、贯通传统文化与现代文化、汇通中国文化与世界文化，更加全面而充分地展现中国式现代化的价值导向及其文明魅力，正是在文化交汇融合中进一步壮大主流价值从而引领并推动当代中国文化建设实现继长增高的重要路径。

全球叙事、国家叙事、上海叙事、区域叙事构成多层次叙事序列。作为国际大都市，上海积淀了大量历史细节，凝聚了多元的文化基因，形成了丰富的发展素材，是世界了解中国、观察中国的重要窗口。在深刻把握习近平总书记关于构建中国话语和中国叙事体系的重要论述基础上，进一步增强上海的叙事能力，讲好文化自信自强的上海故事，向世界展示新时代社会主义国际文化大都市的形象，是上海亟须探索和解决的关键课题，也是上海致力于建设习近平文化思想最佳实践地的生动体现和具体要求。

（一）深入挖掘人民城市叙事资源

打造全球叙事体系的"上海样本"，要从城市记忆、人民记忆和中华记忆三个维度，从红色文化、海派文化和江南文化三种资源入手，深入挖掘上海城市叙事资源。

城市记忆是指城市在形成、变迁和发展过程中具有保存价值的历史记录，它包括人们对这些历史记录以信息的方式加以编码、储存和提取的过程。城市记忆离不开城市文化，城市文化是城市记忆的实质内涵。城市记忆是城市主体和客体在时空交汇中产生的相互作用过程，其形成与演化是一个历经时间累积而被集体不断创造、修正和重构的过程。对上海来说，老城厢是上海现代城市发展的根脉，是上海典型的城市记忆之一。老城厢历史可追溯至 1291 年上海设县时期，县城即在今老城厢地区。1553 年，周长 9 华里的城墙圈起的老城厢，成为上海故事的原点。老城厢历经多个世纪的发展和演变，但其细密、肌理丰富又层次可辨的空间结构延续至今。

人民记忆通常指的是一个群体或社会中个体对共同经历的事件或历史的个人记忆和集体记忆。这种记忆可以是具体的，如对某个重大历史事件的记忆，也可以是抽象的，如对一种文化或传统的记忆。人民记忆是构成共同体的重要因素之一，它有助于强化民族认同和共同体意识。2019 年 11 月，习近平总书记考察上海杨浦滨江时提出"人民城市人民建、人民城市为人民"重要理念。人民记忆贯穿了人民城市建设进程。由上海市档案局（馆）、杨浦区档案局（馆）联合编纂出版的《人民的城市——档案里的城市记忆（杨浦卷）》，于 2024 年 11 月 5 日在上海人民城市实践展示馆举行新书发布会，该书是全国首本从档案角度讲述人民城市建设专题的图书，用档案史料记录、呈现上海人民城市建设的实践成果。该书以行政区划为单元，以历史演进为脉络，聚焦杨浦滨江，记录了从上海开埠到杨浦滨江开发建设以来，杨浦滨江地区市政建设、工业发展、工人运动以及高等教育事业的发展历程，反映了"百年大学""百年工业""百年根脉""百年市政"在杨浦滨江的历史积淀与时代变迁。

中华记忆是指中华民族共同体成员共同拥有、共享和共建的记忆。中华记忆在共同的历史记忆、共同的社会记忆以及集体无意识记忆等方面表现出丰富内涵。挖掘和利用中华民族共同体记忆，有助于强化中华民族共同体认同和铸牢中华民族共同体意识的实践。构建中国叙事体系，不能脱离"记忆"，鉴古知今，讲述城市文化故事要善于将隐藏在城市记忆深处的故事讲好。通过展现不同领域、不同行业的普通人在上海的工作、生活，让百姓谈思想、谈变化，用鲜活朴实、生动具象的百姓故事，阐释习近平新时代中国特色社会主义思想在上海的生动实践，阐释新时代以来的伟大变革。构建中国叙事体系离不开中国上下五千年的话语资源，让更多外国人了解中国文化，了解中国人骨子里的坚守、责任和情怀，体现中国人美美与共、天下大同的价值观追求。

在追寻、重塑、回顾、记录上海"记忆"、续写上海"叙事"的过程中，可以看到红色文化、海派文化、江南文化三种文化资源的交织并进。上海始终坚持文化发展的自主性。这种自主性体现在对本土文化资源的深入挖掘和传承上，也体现在对外来文化的选择和吸收上。上海积极吸纳全球优秀文化成果，同时保持自身文化的独立性和主体性。通过"三种文化"的融合发展，上海不仅展示了其作为国际大都市的文化自信，也增强了其文化发展的自主性和能动性。《上海市建设习近平文化思想最佳实践地行动方案》明确提出要"以用好用活红色文化、海派文化、江南文化为关键支撑"。强调"三种文化"的融合发展、共生共荣，不仅把握住了上海文化开放融合的优秀特质，更为彰显社会主义国际大都市的神韵魅力提供了充分体现文化主体性的明确路径。习近平总书记强调，"文化自信是更基本、更深沉、更持久的力量"。必须紧紧围绕大力提升文化软实力，锚定建设具有世界影响力的社会主义国际文化大都市的目标，坚持不忘本来、吸收外来、面向未来。上海一方面以更多优质"国风"作品、"国潮"节目、"新中式"审美和城市文旅品牌作为放大国际消费中心城市显示度的突破口，更好助力文化供给和文化消费，另一方面通过举办各类文学赛事、培训活动、创作扶持计划等，为青年作家和文学爱好者搭建展示才华、交流学习的平台，让传统文化和青年文化相互激发、自我更新。同时，促进"三种文化"的网络表达，推进中国优秀网络文学作品的规模化、多语种"出海"，成为传播中国文化、展现中国形象的重要载体，开创沪上文艺新辉煌。

（二）推动中外文明交流互鉴

党的二十大报告指出，"加强国际传播能力建设，全面提升国际传播效能，形成同我国综合国力和国际地位相匹配的国际话语权"。为深入贯彻习近平文化思想和习近平总书记考察上海重要讲话精神，聚力建设习近平文化思想最佳实践地，在中共上海市委宣传部的指导和中共上海市委对外宣传办公室的支持下，上海市文化和旅游局着眼于发挥上海作为世界观察中国的重要窗口作用，强化国际传播叙事能力，挖掘和支持一批具有原创引领性、品牌标识度和世界影响力的国际传播作品与项目，通过以文载道、以文传声、以文化人，用心用情用力讲好中国故事、演绎上海精彩，努力向世界展现可信、可爱、可敬的中国形象，积极促进中外文明交流互鉴。

阅文集团旗下起点国际，立足平台推出"全球作家孵化项目"，通过开放海外用户原创功能，支持和培养海外原创作者，让全球读者在文学的海洋中感受世界多元文化的魅力，实现从"走出去"向"走进去"的转变。

除了中国人主动宣传中华文化，"老外讲故事"也是上海国际传播的一大特色。上海的发展吸引了越来越多的老外来讲述他们亲身经历的上海故事，不仅有网红，还有企业高管，不仅有"旁观者"，更有"融入者"。2021年，为庆祝中国共产党百年华诞，《百年大党——老外讲故事》应运而生，从"外眼"视角见证中国共产党为人民幸福而奋斗。2022 年，中共上海市委宣传部、中共上海市委对外宣传办公室、上海市国有资产监督管理委员会、上海市经济和信息化委员会联合新民晚报社等联合推出《老外讲故事·海外员工看中国》百集融媒体产品，邀请 100 位不同国度的海外员工，用最接地气的方式，讲述自己在中国央企和上海企业海外分公司的见闻、与中国人交往的动人故事，对中国文化的喜爱与认同。从第一季《百年大党——老外讲故事》大胆尝试，到 2022 年第二季《老外讲故事·海外员工看中国》精益求精，再到 2023 年初第三季《老外讲故事·另眼观盛会》全球瞩目，直至同年 10 月第四季《"一带一路"促共赢》再度破圈，这个系列融媒体产品努力在迭代与革新中讲好中国故事，用融媒创新加强上海国际传播能力建设。作为每季均超 10 亿流量级别的融媒体产品，系列产品开枝散叶，打造了全国首部以涉外司法为主题的报道——《老外讲故事·法治化营商环境》；同时另辟蹊径，围绕"上海之夏"重点文旅商体展联动活动，推出《老外逛上海》和《老外体验官》两期特辑。《老外讲故事·相约长三角》还邀请老外走出上海，感受长三角一体化强劲律动。党的二十届三中全会明确提出，改革开放是党和人民事业大踏步赶上时代的重要法宝。《老外说"法宝"》紧扣"改革开放"这一"重要法宝"而生，在 8 月上线后取得巨大反响，拉开了 2024 年第五季《老外讲故事》报道的序幕。《新民晚报》还陆续推出《中华文化圈粉记》，通过短视频讲述老外眼中的中国文化故事、文化现象、文化力量，为打造文化自信自强的上海样本、建设习近平文化思想最佳实践地作出积极贡献。

近年来上海积极创建城市形象品牌，以上海新实践、新探索、新成效，不断提升上海城市形象的国际好感度和美誉度。2022 年 11 月，在中共上海市委宣传部指导下，全新移动互联网英语新闻资讯服务平台 City News Service（CNS）正式上线。2024 年，由上海市人民政府新闻办公室主办、上海日报社承办的 CNS 正式宣布成立上海国际社区对外信息服务联盟，进一步提升上海涉外营商环境，吸引外资企业、外籍人士扎根上海，不断优化对外信息服务水平，以优质的国际传播效能，助力上海建设具有世界影响力的社会主义现代化国际大都市。2024 年 1 月 26 日，在第三届中国城市国际传播论坛上，上海再度被授予"中国国际传播综合影响力先锋城市"称号，连续三年蝉联这项殊荣。在创新城市 IP 实践方面，上海尝试把城市形象传播汇入全球语境。一方面，对标纽约、伦敦、巴黎、东京等世界城市，联合上海高等学府开展"全球城市形象数字传播指标体系"研究。2023 年首发《全球城市形象数字传播研究报告》1.0 版，讲述上海与世界城市传播案例。另一方面，发起全国首个以城市 IP 为主题、以企业发展为案例的全球传播企业案例征集活动，吸引欧莱雅、勃林格殷格翰、拜尔斯道夫等跨国企业高管参与。通过分享企业作为城市高质量发展见证者、共创者和共享者的生动案例，讲述"在上海，为全球"的实践故事，以全球 500 强企业的国际传播案例，讲述上海实践新发展理念的成就。

（三）文化数字化同频"上海时间"

中国式现代化充分吸收现代科技发展成就，主动迎接当代科技革命。当代中国的主流价值必然要在迎接以信息化、数字化、智能化等为代表的当代科技革命浪潮中敏锐地拓展认识视野和实践领域，从而为其更前瞻、更深刻地塑造并引领时代精神奠定坚实的科技文明基础。上海加快文化大数据体系建设，打造文化内容和数据生产、交换、传播、消费等全产业链生态系统，推动城市文化数字化转型升级，也是为了服务国家数字化战略。直面互联网，着力联通网络文化与现实文化，加快培育积极健康、向上向善的网络文明，从而深刻呈现并引领当代科技革命的价值追求与精神深度，已经成为当代中国进一步壮大主流价值必须牢牢掌握的历史主动，也是上海推动文化发展和文明互鉴的有力抓手。

随着当代科学技术的飞速发展，尤其是互联网、大数据、云计算、人工智能等及其与其他产业融合发展的高速推进，文化包括价值观本身由于科学技术的深度嵌入也正在发生全新的时代变化和实践深化。2023 年底，中共上海市委办公厅、上海市人民政府办公厅联合印发《上海市贯彻落实国家文化数字化战略的实施方案》（简称《实施方案》），切实落实国家战略，积极探索上海路径。《实施方案》明确七项 14 条重点任务，聚焦供给侧和需求侧，夯实文化资源数据和文化数字化新基建"两个基础"、推动搭建上海文化数据服务"一个平台"，重点推进数字技术在提升公共文化服务、激发文化产业活力、促进文化消费、增强文化交流互鉴、优化文化发展环境"五个领域"深度应用，持续推出线上线下融合、虚实融合、数网融合的"N 个应用场景"，形成具有带动性、示范性、标识性的文化数字化成果，文化数字资源全球配置能力显著增强，打造面向全球、面向未来的文化数字化转型上海标杆，成为全球数字文化发展高地。上海将加强文化资源数据管理，全面梳理数字化工程和数据库，绘制文化数据资源图谱，并打造具有上海特色的文化数据库。到 2025 年和 2035 年，上海将分别实现阶段性目标，包括建成文化数字化基础设施和服务平台，构建国家文化大数据体系上海中心，并推出一批具有上海标识度的文化数字化应用场景。《实施方案》特别强调推进文化数字化交流互鉴：一是推进媒体深度融合发展，提升文化数字化传播能力。二是加快构筑全媒体外宣传播矩阵，加强数字外宣，推进城市形象建设。三是升级

"上海主场"文化交流平台，加快推动优质数字文化产品和服务"千帆出海"。上海数字文创智算中心将以高性价比算力算法服务为基础，支撑沉浸式实时互动与人工智能内容生成等业务，拉动数字文创产业集聚，打造数字文创开放生态，不断扩展丰富算力算法工具、服务、应用，推动建设"一中心六平台"，即以一个高质量数据中心为基础，以"算力+"模式，构建算力生产供应平台、数据服务运营平台、智能生态建设平台、数字文化云平台、产业创新集聚平台和科创实验及人才培养平台六个专业平台，有望成为推动上海国有文化企事业单位、文创产业企业加快实现数字化转型的重要支撑力。

重大节展赛事品牌是"上海主场"平台的重要组成部分，也是在线上线下和世界同频"上海时间"的重要契机。牢牢抓住国际化定位，文化节赛展评既是发现锁定人才、"为我所用"的宝地，更是讲好中国故事、展现中华文化魅力的有效平台。除了前面提到的中国上海国际艺术节和上海国际电影节，还有上海旅游节和上海之春国际音乐节等也是耳熟能详的金字招牌。上海有一大批已进入国际一流阵营的重大节展品牌活动，也有一批对标国内国际一流水准、力争上游的新老品牌节展，还有一些后发项目正在迅速积攒国内国际认可度。重大文化节展活动是体现一座城市开放程度、发展活力的重要窗口，是集聚优势文化资源、文化市场要素的重要平台，更是文化人才和文化产品展示、交流、借鉴、切磋的重要载体。如上海书展不仅在线下举办，同时也在线上开展了一系列活动，包括上海国际文学周活动、作家餐桌计划等，为无法到场的读者提供了丰富的线上参与机会。ChinaJoy持续举办全球电竞大会，在引进全球顶级赛事、培育电竞自主品牌、加强电竞人才培养、电竞行业规范发展等方面持续探索，推动中国游戏及衍生产品更好地走出去，探索游戏内容民族化。其内容覆盖游戏、动漫、互联网影视、音乐、网络文学、电子竞技、智能娱乐软件与硬件以及新生娱乐业态等数字娱乐多领域，已成为我国及全球数字娱乐产业发展风向标之一，打造中国独有的"文化符号"。上海各文艺单位搭建"云剧院""云剧场"开展线上演出，推出云演出、云展览、云美育活动，与观众相约线上，也向世界展示人民城市文化建设的成果。例如，在中共黄浦区委组织部、中共黄浦区委宣传部的指导下，南房集团推出的"云享老城厢·数字文化博物馆"，进一步传承老城厢文脉，提升老城厢文明风尚，依托数字化平台，将散落于黄浦老城厢区域内的各类历史文化资源串珠成链，以高科技手段生动再现古韵今风的建筑风貌、薪火相传的红色记忆、墨香浓郁的文化底蕴及商埠风云的辉煌历史，打造沉浸式文化体验新标杆。

文化传播是更广领域、更深层次、更为持久的传播。进一步推进中华文化海外传播，可以更加充分、更加鲜明地展现中国故事及其背后的思想力量和精神力量，不断提升国家文化软实力和中华文化影响力。习近平总书记强调要更加主动地"传播中华文化"。上海将充分利用各种资源和力量，主动融入双循环、拥抱新人群、抢占新赛道，通过大众传媒、圈层交流和人际互动等多种传播途径，在进一步建设城市形象品牌的同时提升国际文化交流的质量。

参考文献

［1］陈高宏：《浦东开发开放的历史使命、卓越成就和精神气质》，《解放日报》2021年7月15日。

［2］《着力培养担当民族复兴大任的时代新人——上海加强和改进新时代未成年人思想道德建设，当好未成年人引路人、守护人、筑梦人》，《解放日报》2024年9月26日。

［3］盛垒、薛泽林：《从纽约、伦敦来看，怎样的城市才真正"具有世界影响力"》，《解放日报》2022年9月5日。

［4］李婷、卫中：《2024上海红色文化季丨在可亲可近中让红色文化更可感可知》，载文汇网，2024年8月9日。

［5］《上海推出"初心讲堂"党员理想信念教育品牌 在党的诞生地打造党员教育的"红色殿堂"》，载共产党员网，2022年9月7日。

［6］孟建：《〈百年大党——老外讲故事〉走出一条国际传播新路子》，《新民晚报》2021年6月2日。

［7］《〈百年大党——老外讲故事〉"上海解放特辑"》，《解放日报》2021年6月16日。

［8］《〈上海市红色资源传承弘扬和保护利用条例〉7月1日起实施，全文来了》，载上观新闻网，2021年5月24日。

［9］钟菡：《打响"党的诞生地"红色文化品牌 上海41家场馆成立革命场馆联盟》，载上观新闻网，2023年7月28日。

［10］王小明、宋娴：《重构与发展——博物馆集群化运营研究》，上海科技教育出版社2015年版。

〔11〕《解码魔都｜一大·二大·四大纪念馆成 5A 景区，红色旅游到底有多"火"？》，载新华网，2023 年 2 月 17 日。

〔12〕潘敏、权衡主编：《上海市红色资源传承弘扬和保护利用蓝皮书（2021—2022）》，上海社会科学院出版社 2023 年版。

〔13〕王志亮：《上海的军事监狱——原国民党淞沪警备司令部军法处看守所》，《大连近代史研究》2017 年第 14 期。

〔14〕刘智伟、邢同和、刘彬：《环境纪念性的建构——记上海龙华革命烈士纪念地项目》，《当代建筑》2022 年第 2 期。

〔15〕上海市文化和旅游局、上海市文物局：《上海市不可移动革命文物保护利用报告（2018—2022）》，载上海市文化和旅游局网，2022 年 12 月 30 日。

〔16〕李君娜：《〈2023 年上海市博物馆年度报告〉出炉，中共一大纪念馆人气第一》，载上观新闻网，2024 年 5 月 18 日。

〔17〕《光荣之城——上海市革命场馆联盟红色文物史料展开幕》，载上海市人民政府网，2024 年 7 月 2 日。

〔18〕《舞剧〈永不消逝的电波〉是如何诞生的？》，载澎湃新闻网，2019 年 11 月 25 日。

〔19〕《杂技剧〈战上海〉：以杂技之语汇重温信仰的力量》，载"上海戏剧"微信公众号，2023 年 6 月 23 日。

〔20〕《武康路的"老"故事新玩法》，载看看新闻网，2021 年 11 月 14 日。

〔21〕《推动"四态"融合，聚焦五大板块，这个历史风貌区未来要塑造文化地标》，载观察者网，2020 年 10 月 5 日。

〔22〕《武康路—安福路要打造文化 IP 啦！褪去"网红"标签，回归历史道路本真》，载澎湃新闻网，2021 年 11 月 17 日。

［23］《第四届上海红色文化创意大赛作品正在征集中，等你来报名！》，载上海市人民政府网，2023年9月26日。

［24］《党章字帖、胸针、雪糕……上海红色文化创意大赛让红色文化"触手可及"》，载中国日报网，2023年5月30日。

［25］《一大文创是如何把红色馆藏做火的》，载界面新闻网，2024年6月7日。

［26］《〈开天·"一大"本〉是如何诞生的?》，载澎湃新闻网，2022年8月22日。

［27］《2021上海市博物馆年度报告出炉》，载光明网，2022年9月13日。

［28］《在陈云入党的红色书店，玩一场〈觉醒时代〉剧本杀》，载人民网，2021年7月5日。

［29］《红色经典步道建设案例被评为上海基层思想政治工作优秀案例》，载上海市交通委员会网，2023年3月13日。

［30］《首创密室玩法　盛趣游戏携手黄浦区打造数字红色文化体验空间复兴·颂》，《中国日报》2021年8月30日。

［31］《魔都步道上新! 用脚步丈量秋日之美》，载文汇网，2022年10月31日。

［32］《按〈鲁迅日记〉走鲁迅小道体验"鲁迅的一天"，2023鲁迅文化周开幕》，《文汇报》2023年10月19日。

［33］林馥榆:《一图读懂丨〈2023年上海市博物馆年度报告〉出炉　中共一大纪念馆成为最受欢迎的博物馆》，载央广网，2024年5月19日。

［34］《用心用情讲好红色故事、传承红色基因、赓续红色血脉! 陈吉宁调研红色文化传承弘扬工作》，载上观新闻网，2024年8月19日。

［35］《聚焦立德树人根本任务，开创思政育人新格局｜上海教育"十三五"大家谈》，载上海教育网，2021年1月7日。

［36］《中共一大纪念馆启动红色文化教育主题研学活动》，载光明网，2022年7月27日。

［37］《上海市革命场馆联盟成立》，载"中共一大纪念馆"微信公众号，2023年7月27日。

［38］《抗美援朝纪念日：英雄步枪"走进"上海中学　91岁老兵讲述长津湖故事》，《新民晚报》2021年10月26日。

［39］《中共一大纪念馆发布第二批"百物进百校，百讲证百年"藏品》，《中国青年报》2022年2月17日。

［40］《红色文化进校园，徐汇打造"家门口的博物馆"》，载文汇网，2024年9月2日。

［41］《"数字一大——数字世界中的中国共产党人精神家园"服务矩阵在2024年世界人工智能大会正式发布》，载"中共一大纪念馆"微信公众号，2024年7月6日。

［42］《华东理工大学"思政V课堂"解锁暑期实践新课题获媒体关注》，载华东理工大学新闻网，2024年9月3日。

［43］《"上海出品"的城市名片正越发闪耀》，《新民晚报》2022年6月17日。

［44］《魔都与新城：从寻根之旅到未来之路》，载澎湃新闻网，2022年10月31日。

［45］《南汇新城计划打造最具特色、最具魅力的滨海新城、文化新城》，载澎湃新闻网，2021年4月14日。

［46］郑崇选、金方廷：《红色文化、海派文化、江南文化融合发展的路径》，载格物文化在线网，2022年9月13日。

［47］《构筑家门口的数字生活新图景，全市首家东方社区信息苑数字化转型试点在浦东新区东明路街道落地》，载搜狐网，2021 年 12 月 13 日。

［48］郑崇选：《促成"三大文化"融合发展》，《解放日报》2023 年 1 月 17 日。

［49］《让高品质文化服务"随处可见""触手可及" 上海 2024 年将打造 100 个儿童友好城市阅读新空间》，载今日头条网，2024 年 3 月 21 日。

［50］《以文化人以文育人 上海公共文化建设图景正铺开》，载人民网，2024 年 3 月 21 日。

［51］《"城市美育日"如约而至，2024 上海市民文化节 3 月 30 日启幕》，载网易网，2024 年 3 月 29 日。

［52］李婷：《九千招生名额 65 万人在线"抢"，上海的年轻人为何喜欢上艺术夜校》，《文汇报》2023 年 9 月 12 日。

［53］钟菡：《73 万人同时在线抢课，市民艺术夜校 112 门课 10 秒内报满》，《解放日报》2024 年 3 月 8 日。

［54］《持续推进"书香上海"建设！龚正来到 2024 上海书展，与市民群众一同感受书香氛围》，载"上海发布"微信公众号，2024 年 8 月 15 日。

［55］《2023 年上海市民综合阅读率达 97.49% 人均阅读超 12 本》，载中国新闻网，2024 年 4 月 21 日。

［56］《构筑家门口的数字生活新图景，全市首家东方社区信息苑数字化转型试点在浦东新区东明路街道落地》，载文汇网，2021 年 12 月 13 日。

［57］邹娟：《形成一年一度文化消费热点，上海计划推出文博美

术展览季》，载澎湃新闻网，2021 年 9 月 2 日。

［58］《〈繁花〉〈狂飙〉等 16 部剧获飞天奖优秀电视剧奖》，载澎湃新闻网，2024 年 9 月 21 日。

［59］《"全国文化企业 30 强" 和 "全国成长性文化企业 30 强" 发布》，载新华网，2024 年 5 月 23 日。

［60］《回升向好！ 2023 年上海文化创意产业规模达 2.34 万亿元》，载澎湃新闻网，2024 年 5 月 30 日。

［61］《以高质量公共文化服务满足人民新期待》，《文汇报》2024 年 1 月 23 日。

［62］《市民文化节十周年 | 让市民感知艺术的美好》，载澎湃新闻网，2023 年 3 月 27 日。

［63］《助力社会大美育，2024 上海市民文化节将开启》，载澎湃新闻网，2024 年 3 月 27 日。

［64］《上海市社会主义国际文化大都市建设 "十四五" 规划》，载上海市人民政府网，2021 年 9 月 2 日。

［65］《上海加快培育文创新质生产力》，《解放日报》2024 年 5 月 31 日。

［66］《中外摄影师主题共创 "视觉橱窗"，邀您看见更美的上海》，载澎湃新闻网，2024 年 11 月 3 日。

［67］徐剑：《为城市形象传播插上 "数字翅膀"》，《文汇报》2023 年 3 月 28 日。

［68］《豫园灯会三十年 | 跨越时空的灯火，"汇聚" 在这里发光发热》，载澎湃新闻网，2024 年 12 月 25 日。

后　记

　　中国式现代化是全面建成社会主义现代化强国、实现中华民族伟大复兴的康庄大道。2024 年 7 月，党的二十届三中全会对进一步全面深化改革、推进中国式现代化作出系统部署，提出"七个聚焦"的分领域改革目标，强调聚焦构建高水平社会主义市场经济体制，聚焦发展全过程人民民主，聚焦建设社会主义文化强国，聚焦提高人民生活品质，聚焦建设美丽中国，聚焦建设更高水平平安中国，聚焦提高党的领导水平和长期执政能力，从总体上囊括了推进中国式现代化的战略重点。

　　上海是改革开放排头兵、创新发展先行者，在推进中国式现代化中肩负着光荣使命。2023 年 12 月，习近平总书记在上海考察时强调，上海要聚焦建设"五个中心"重要使命，加快建成具有世界影响力的社会主义现代化国际大都市，在推进中国式现代化中充分发挥龙头带动和示范引领作用。

　　为深入学习贯彻党的二十届三中全会精神，深入阐释上海践行习近平总书记嘱托、服务国家战略的创新探索，2024 年 7 月，上海市委宣传部、市社科规划办策划和组织"中国式现代化的上海样本"系列课题研究，对标党的二十届三中全会提出的"七个聚焦"战略重点，遴选知名专家组建研究团队，以市社科规划课题形式开展高质量课题研究，对上海在新征程上推进中国式现代化的实践经验进行理论总结和提炼。设立的 7 项研究选题分别为"推进高质量发展、加快建设'五个中心'""发展全过程人民民主""建设习近平文化思想最佳实践地""创造高品质生活""全面推进美丽上海建设""推进中国特色超大城市治理""走出符合超大城市特点规律的基层党建新路"等。

成果质量是学术研究的生命线。市委常委、宣传部部长赵嘉鸣全程关心指导研究课题的推进工作，要求务必精耕细作、形成高质量研究成果。市委宣传部落实课题全周期管理，在课题启动、推进、结项等环节先后召开多次会议，市委宣传部分管副部长权衡出席并作具体指导，市委党校常务副校长曾峻、市政协副秘书长沈立新、市委政策研究室副主任张斌、市人民政府发展研究中心副主任严军等四位专家全程跟进指导，确保课题研究质量，最终形成本套"中国式现代化的上海样本"丛书，并作为"党的创新理论体系化学理化研究文库"首套丛书。

本书是上海社会科学院文学研究所集体科研成果，比较集中地呈现了近年来对于上海建设社会主义国际文化大都市、习近平文化思想最佳实践地的关注和思考。参与写作的科研人员根据撰写工作任务安排，高度负责，为本书最终出版付出了智慧和心血。具体的分工上，郑崇选作为负责人，承担了本书的框架设计、结构编排、内容统筹统稿以及修改定稿等工作，饶先来负责第一章，张昱负责第二章，冯佳、钱泽红和陈凌云负责第三章，金方廷负责第四章，曹晓华负责第五章。

参与本书组织工作的有市社科规划办李安方，市委宣传部理论处陈殷华、薛建华、姚东、柳相宇等。本书的出版得到了上海人民出版社的大力支持，在此表示感谢。

2025 年 5 月

图书在版编目(CIP)数据

国际文化大都市建设 ： 新时代文化使命的城市担当 /
郑崇选等著. -- 上海 ： 上海人民出版社，2025.
ISBN 978-7-208-19567-7

Ⅰ. G127.51

中国国家版本馆 CIP 数据核字第 2025NQ5916 号

责任编辑　裴文祥
封面设计　汪　昊

国际文化大都市建设：新时代文化使命的城市担当
郑崇选 等著

出　　版　上海人民出版社
　　　　　（201101　上海市闵行区号景路 159 弄 C 座）
发　　行　上海人民出版社发行中心
印　　刷　上海中华印刷有限公司
开　　本　787×1092　1/16
印　　张　9.5
插　　页　3
字　　数　110,000
版　　次　2025 年 6 月第 1 版
印　　次　2025 年 6 月第 1 次印刷
ISBN 978 - 7 - 208 - 19567 - 7/D·4517
定　　价　45.00 元